white work embroidery

白糸刺繍

透かし模様の
ホワイトワークで作る
図案と小物

笑う刺繍　中野聖子

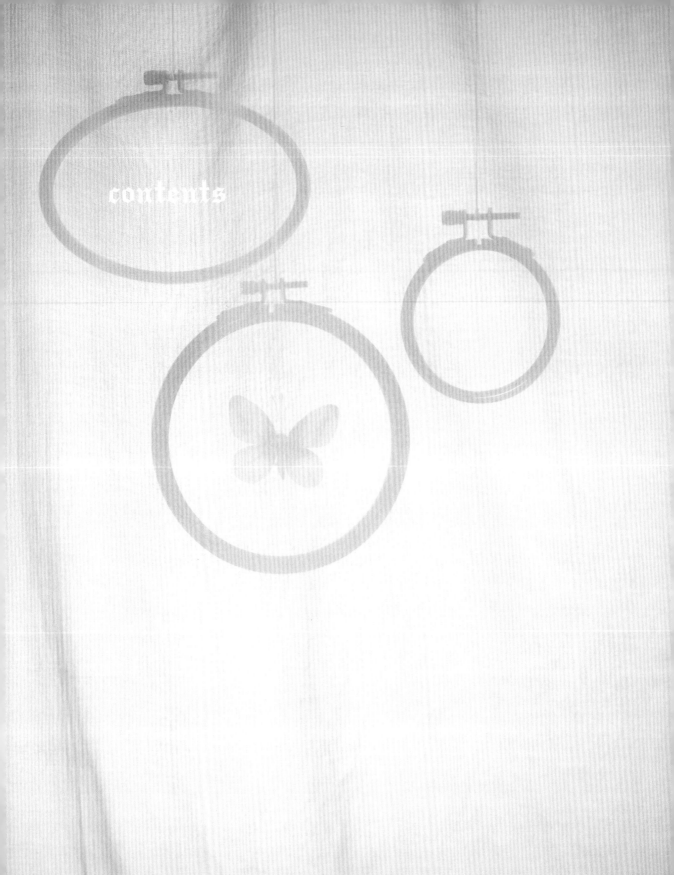

contents

ホワイトワークとの初めての出合いは本屋さんでした。
白い布に白い糸で刺された透かし模様があまりに美しく、
心が揺り動かされた衝撃は今でもはっきりと覚えています。

この本のテーマになっているのは、物語。

白い作品にカラフルな飾りはありませんが、それは想像を
掻き立てるに都合よく、新しい世界を広げる材料にもなります。
主人公やその背景までも想像しながら、時には
お話しの中に入り込んで、いつもとは少し違う気持ちで
楽しく刺していただけると嬉しいです。

そして今度は、この本が誰かの心を揺り動かすような一冊に
なることを願っています。

それぞれの、素敵なストーリーが始まりますように。

笑う刺繍　中野聖子

prologue

schwalm embroidery

シュバルム刺繍は、ドイツのシュバルムシュタット地方が発祥のホワイトワークです。布の織り糸を抜き、残った部分の糸をかがってさまざまな模様を作ります。織り糸を抜くので、図案の輪かくをコーラルステッチとチェーンステッチで刺繍してからかがり始めます。自由な図案で刺せますが、面積の大きな図案のほうが透かし模様がいきてきます。模様によって向き不向きの図案があるので、いろいろ試してみることをおすすめします。

シュバルム刺繍

stitch 1

a ローズステッチ   d モスキートステッチ

b ウィービングステッチフィリング   e ダブルラッピングステッチ

c フラワーガーデンステッチ   f ダブルスモールカラムズステッチ

page. 70

stitch 2

page. 71

1. │ DESIGN
      page. 72

プードルとネコの毛並みや模様をステッチであらわしました。
プードルの立体的なもこもこには、
フレンチノットステッチをゆるく刺しています。

2. │ DESIGN
      page. 74

サーカスの人気者ピエロの洋服は、
目立つようにすき間の大きな華やかなステッチに。
金糸や銀糸をポイント使いすると上品です。

10ページのアヒルの図案をポーチにしました。
白い布に白い糸が基本ですが、普段使いの小物にするときは
シックな色をベースにしてもすてきです。

4. / HOW TO MAKE page. 76

3. / DESIGN page. 73

ロバの模様は、オリジナルで考えたステッチです。
アヒルはワンポイント使い、羊はフリーステッチとの組み合わせ、
ロバは全面にステッチと、図案によってステッチの使い方を変えました。

同じ刺繍でも形と大きさを変えれば見え方も変わります。
鳥の模様はレゼーデージーステッチを応用したオリジナルステッチです。

6. / HOW TO MAKE
page. 78,79

12ページの刺繍をパネルにしました。
木枠をくるむだけで、簡単にかわいいインテリア小物になります。
木枠は少し厚めを使ったほうが見栄えがします。

まず図案の輪かくをコーラルステッチとチェーンステッチで刺し、

次に内側の織り糸を決まった間隔で抜き、最後に残った織り糸をかがります。

輪かくは先のとがった針、織り糸を抜くときと内側をかがるときは先の丸い針を使います。66 ～ 67ページにも刺し方を掲載しています。

1. 輪かくを刺す

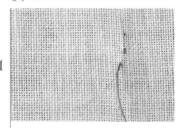

1　布に図案を写します。刺し始め位置を決め、数針手前から刺し始め位置に向かってランニングステッチ。糸端はぎりぎり見えるくらい残します。玉結びをせずに糸が抜けない刺し始め方です。

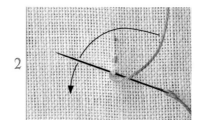

2　刺し始め位置で内側に向けてひと針すくいます。針先にくるりと糸をかけます。

3　針を抜き、そのまま糸を引けばコーラルステッチが1目できます。

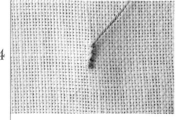

4　輪かくに沿って、続けて反時計回りにコーラルステッチを刺します。

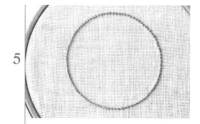

5　1周刺せました。

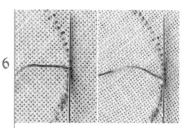

6　裏でほどけないように糸の始末をします。裏に針を出し、コーラルステッチの糸を1目すくい、戻ることを2回くり返します。そのまま先の糸を数目すくい、余分な糸をカットします。

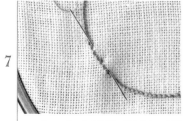

7　コーラルステッチの内側に針を入れ、1と同様に刺し始めの位置を決めて数針手前からランニングステッチをします。

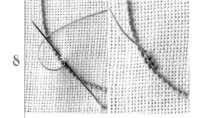

8　刺し始め位置にきたら針をランニングステッチのほうに向けてひと針すくいます。針先に糸をかけて針を抜いて糸を引き、チェーンステッチをします。チェーンステッチをコーラルステッチに沿って時計回りに刺します。

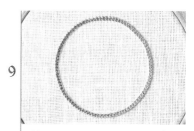

9　1周チェーンステッチが刺せました。裏に針を出し、6と同様に糸始末をして余分な糸をカットします。これで内側の織り糸を抜く準備ができました。

2. 織り糸を抜く

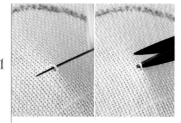

1　裏を上にして図案の中心のタテ糸を針で引き出します。ほかの糸を切らないように注意しながら、引き出した糸をカットします。

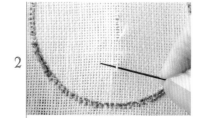

2　切ったタテ糸を少しずつ針ですくって引き出すことをくり返します。輪かくのきわから一度に引き出さず、手前から少しずつです。

3　輪かくまで引き出したら、きわで糸をカットします。反対側とヨコ糸も同様に抜きます。

4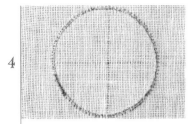

タテとヨコの糸が1本ずつ抜けました。

5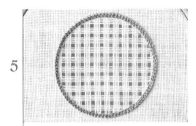

同様にして、決まった間隔で織り糸を抜きます。内側をかがるベースができました。

3. 内側に模様をかがる

ダブルスモールカラムズステッチ

織り糸をタテヨコともに4本おきに2本抜きます。残した4本を2本ずつかがるシンプルなステッチです。

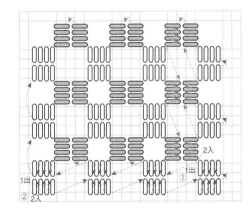

1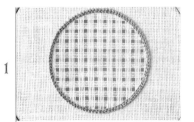

輪かくの内側の織り糸を4本おきに2本抜きます。2本抜くとすき間が大きくあきます。

2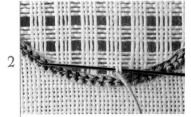

裏で糸始末をし(63ページ参照)、4本残したタテ糸の間(2本目)から輪かくのきわに針を出します。右の2本を外から内にすくうことを4回くり返します。

3

ヨコ糸の4本の下をくぐらせて次のすき間の4本の間に針を出します。

4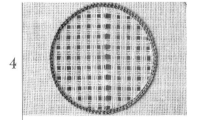

これをくり返して上までかがります。

5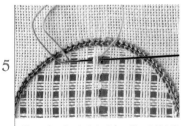

隣の2本にうつります。4本の間から針を出し、左の2本を外から内にすくいます。ここでは位置が分かりやすいように向きを変えずに刺していますが、実際に刺すときはかがりやすい向きに回転して刺してください。

6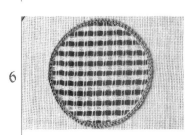

同様にくり返してタテ糸をすべてかがります。2本ずつの束ができました。

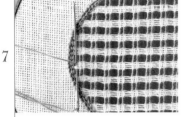

7 次にヨコ糸をかがります。タテ糸と同様に4本の間から針を出し、下2本を外から内にすくうことを4回くり返します。タテ糸4本の下をくぐらせて次の列に針を出します。

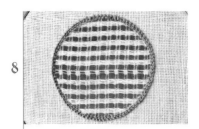

8 端までかがってくり返せば完成です。

ターキッシュポイントステッチ

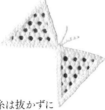

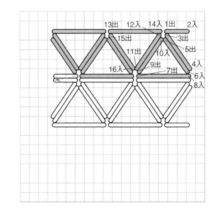

織り糸をタテ糸は抜かずにヨコ糸のみ4本おきに1本抜きます。残した4本を三角形を描くようにジグザグ上下にかがるステッチです。

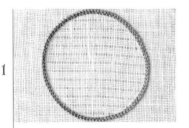

1 輪かくの内側の織り糸をヨコ糸のみ4本おきに1本抜きます。タテ糸を抜かないので、1本抜いた部分がうっすらと模様になります。

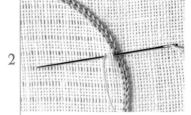

2 裏で糸始末をし（63ページ参照）、輪かくから1本抜いた部分のタテ糸3本先に針を出します。3本戻って針を入れて同じ3本をすくって同じ位置に出します。

3 ヨコ糸4本タテ糸3本右斜め下に針を入れ、ヨコ糸4本をすくって2と同じ位置に針を出します。これを2回くり返します。

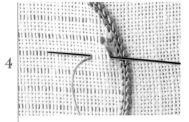

4 3で針を入れた位置からタテ糸6本を横にすくいます。同じ位置に針を出します。

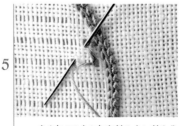

5 ヨコ糸4本タテ糸3本右斜め上に針を入れ、4と同じ位置に出します。これを2回くり返します。

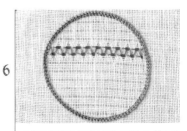

6 これをくり返して端までかがります。横に渡る糸は1回、縦に渡る糸は2回かがっています。

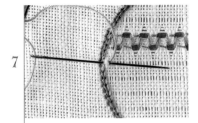

7 裏で輪かくの刺繍糸をすくって次の位置に針を出します。ヨコ糸4本下の1本抜いた部分に針を出し、そのまま輪かくのきわに針を入れて同じ位置に針を出します。

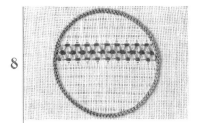

8 上段と同様にくり返して端までかがります。これをくり返せば完成です。

ウィービングステッチフィリング

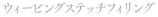

織り糸をタテヨコともに2本おきに2本抜きます。残した2本をかがり、さらに好みの位置にクロスにかがって模様を出します。

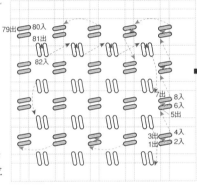

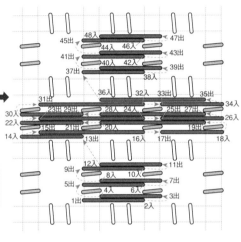

1 輪かくの内側の織り糸を2本おきに2本抜きます。2本抜くとすき間が大きくあきます。

2 裏で糸始末をし（63ページ参照）、輪かくのきわのすき間から針を出します。タテ糸2本を右から左に2回すくいます。

3 2回すくったらヨコ糸2本の下をくぐらせてすき間に出し、同様に2本すくいます。

4 これをくり返してタテ糸をすべてかがります。

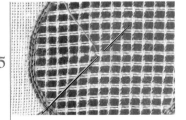

5 次にヨコ糸をかがります。タテ糸と同様に、輪かくのきわのすき間から針を出し、ヨコ糸2本をかがります。位置が分かりやすいように向きを変えずに刺していますが、実際に刺すときはかがりやすい向きに回転して刺してください。

6 これをくり返してヨコ糸もすべてかがります。

7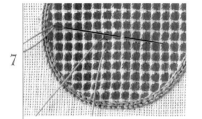

この上にクロス模様をかがります。好みの位置のすき間に針を出し、1列飛ばして次の1列をすくいます。糸端はあとから裏で始末するので、15cmほど残しておきます。

8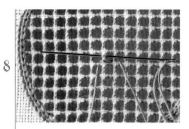

折り返して、最初の1列を飛ばして次の1列をすくいます。2列を交互にすくっている状態です。

9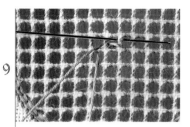

折り返して同様に6回（3往復）くり返します。

10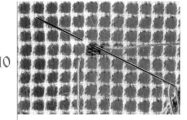

6回目の最後は1段左斜め上に針を出します。

11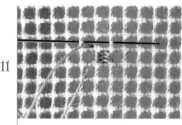

1列左に針を入れて折り返し、2列目を飛ばして3列目をすくいます。

12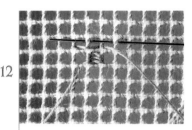

4列目を飛ばして針を入れ、折り返して3列目を飛ばして2列目をすくいます。4列を交互にすくっている状態です。これを6回くり返します。

13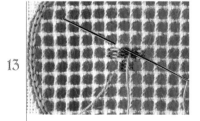

6回目の最後は1段上の2列目に針を出します。

14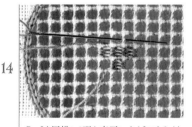

7～9と同様に2列を交互にすくうことをくり返します。

15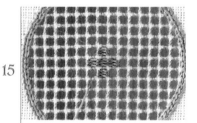

クロス模様が完成しました。このクロス模様をほかにも好みの場所に刺します。次に糸始末をします。

16

裏に針を出し、裏に渡っている糸を4目ほどすくって折り返し、また4目ほどすくって余分な糸をカットします。刺し始めの糸端も裏に出し、同様に糸始末をします。

エーゼルステッチ

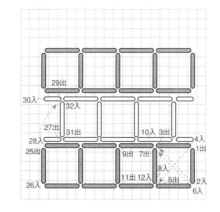

織り糸をタテ糸は抜かずにヨコ糸のみ4本
おきに1本抜きます。残した4本を四角形を
描くように上下にかがるステッチです。

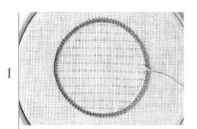

1 輪かくの内側の織り糸をヨコ糸のみ4本おき
に1本抜きます。タテ糸を抜かないので、1本
抜いた部分がうっすらと模様になります。

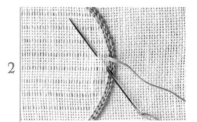

2 裏で糸始末をし（63ページ参照）、輪かくの
きわのすき間から針を出します。下のヨコ糸
4本を飛ばして針を入れ、ヨコ糸4本タテ糸
4本左斜め上に針を出します。

3 2で最初に針を出した位置に入れ、ヨコ糸
4本タテ糸4本左斜め下に針を入れます。

4 ヨコ糸4本右、2で針を入れた位置に入れ
ます。次に2と同じヨコ糸4本タテ糸4本左
斜め上に針を出します。

5 ヨコ糸4本下に針を入れ、ヨコ糸4本タテ糸
4本左斜め上に針を出します。4本単位で
かがります。

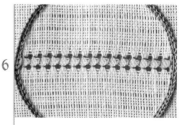

6 これをくり返して端までかがります。

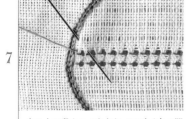

7 次に上の段をかがります。タテ糸4本の間
（2本目）に針を出し、ヨコ糸4本上に針を
入れます。ヨコ糸4本タテ糸4本右斜め下に
針を出します。実際に刺すときはかがりや
すい向きに回転して刺してください。

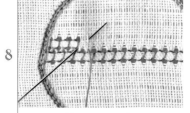

8 1段目と同様にくり返して端までかがりま
す。1段目のステッチと2本ずれてかがってい
きます。

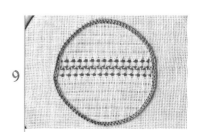

9 これをくり返してすべてかがります。さらに3
段目をかがるときは、2本ずれるので1段目
と同じ延長線上になります。

フラワ ガ デンステッチ

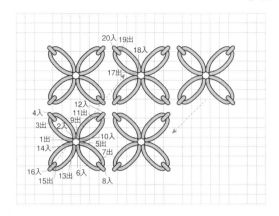

織り糸をタテヨコともに6本おきに1本抜きます。6本の中心から針を出し、四隅に向かってレゼーデージーステッチを刺します。

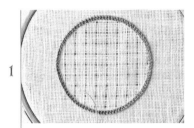

1 輪かくの内側の織り糸を6本おきに1本抜きます。左斜め下から刺し始めます。ヨコ糸6本タテ糸6本の中心から針を出します。

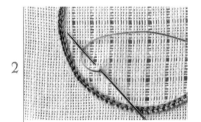

2 ヨコ糸2本タテ糸2本左斜め上に針を出し、針先に糸をかけて針を抜いて糸を引きます。

3 ヨコ糸1本タテ糸1本左斜め上のすき間に針を入れます。レゼーデージーステッチがひとつできました。

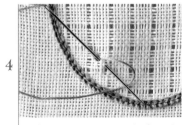

4 再度中心から針を出し、ヨコ糸2本タテ糸2本右斜め下に針を出し、同様にレゼーデージーステッチを刺します。次に中心から針を出して右斜め上にレゼーデージーステッチを刺します。

5 最後に中心から針を出して左斜め下にレゼーデージーステッチを刺します。これでひとつの花ができました。次は右斜め上のヨコ糸6本タテ糸6本の中心から針を出します。

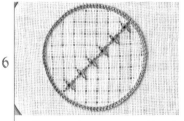

6 同様にレゼーデージーステッチを刺し、右斜め上に刺し進んでいきます。

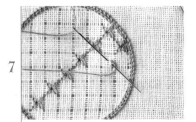

7 端まで刺せたら輪かくの糸を裏ですくって次の列に針を出します。ヨコ糸6本タテ糸6本の中心から針を出してレゼーデージーステッチを刺し進みます。

ajour embroidery

アジュール刺繍

アジュール刺繍はシュバルム刺繍に似ていますが、織り糸を抜かずにかがって模様を作ります。織り糸を抜かないので、糸が動きやすいように目の粗い麻布を使い、布目を正確に数えて刺します。どの刺繍でも同じですが、特にアジュール刺繍は糸の引き加減が一定になるように気をつけてください。アジュールとは「明かり取りの窓」という意味のフランス語です。

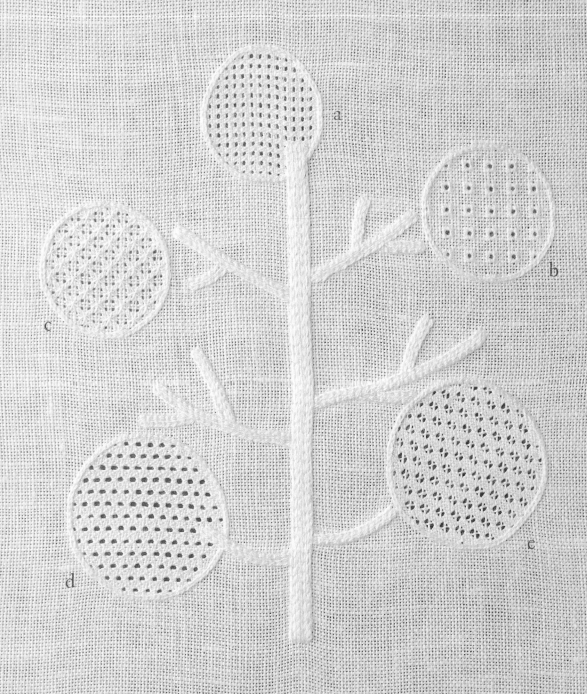

stitch 1

a ペブルフィリングステッチ   d リバースウェーブステッチ

b アイレットステッチ   e ダイヤゴナルドロンステッチ

c チェッカーフィリングステッチ

page. 80

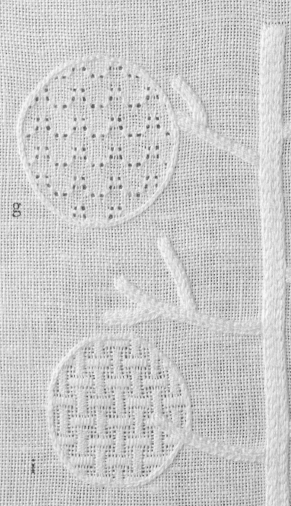
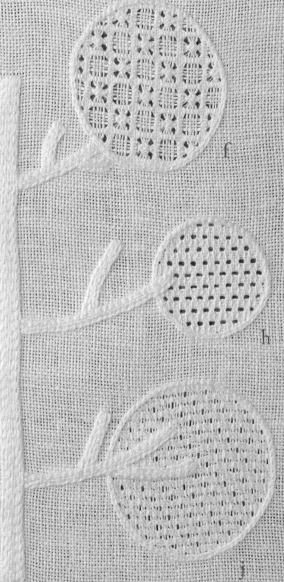

stitch 2

f モザイクフィリングステッチ　　i バスケットフィリングステッチ
g フェストゥーンステッチ　　　　j ドロンボタンホールステッチ
h ウェーブステッチ

page. 81

7. / DESIGN page. 82

好きなモチーフをひとつ取り出して刺してもかわいい北欧風の町並みです。
自転車の車輪や屋根に合う模様を選びました。

8. / DESIGN page. 83

ニット帽や靴下の図案には、編み目や雪のように見える
ステッチを合わせました。ポンポンやボアのもこもこは
フレンチノットステッチで立体的に。

26ページの男の子だけを取り出して刺したぺたんこバッグです。
淡いブルーグレーの麻布に白糸で刺すと、大人の上品さがあります。

10. / HOW TO MAKE
page. 86

9. / DESIGN
page. 84

民族衣装っぽい服装のかわいいカップル。
ステッチの模様の大小や目のつまり具合で
洋服の見え方に差をつけます。

リズミカルに行進する3人の兵隊たち。
3人とも同じ図案ですが、帽子の模様で変化をつけます。

兵隊のブックマークはなるべく厚みが出ないように平らに作ります。
上下にドロンワークのヘムステッチを入れ、
下の糸を抜いてフリンジにしました。

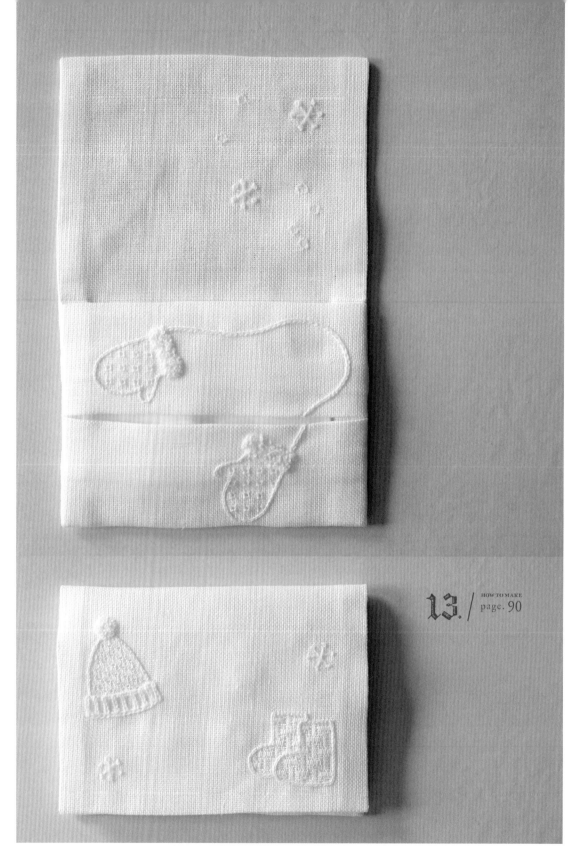

13. / HOW TO MAKE
page. 90

25ページの手袋や靴下の動きのある図案を、ポケットティッシュケースにいかしました。
ふたを開けたときも刺繍が見えるデザインがかわいい。

ajour embroidery

図案の輪かくをチェーンステッチで刺し、
内側の糸を抜かずにそのままかがって模様を作ります。
輪かくのチェーンステッチは先のとがった針、
内側をかがるときは先の丸い針を使います。
68〜69ページにも刺し方を掲載しています。

アジュール刺繍の刺し方

1. 輪かくを刺す

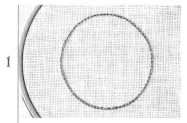

1

布に図案を写し、図案に沿ってチェーンステッチを刺します。

2. 内側に模様をかがる

バスケットフィリングステッチ

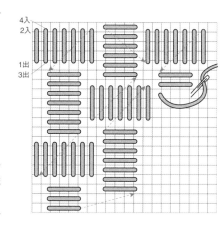

4入
2入
1出
3出

織り目ごとに織り糸4本をかがり、7目かがったら向きを変えてくり返します。縦横にステッチが並びます。

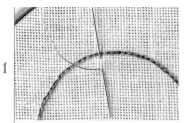

1

裏で糸始末をし（63ページ参照）、輪かくからヨコ糸4本下の織り目から針を出します。ヨコ糸4本上の織り目に針を入れ、右隣の織り目のヨコ糸4本下に針を出します。

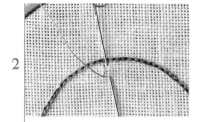

2

そのままヨコ糸4本上に針を入れて右隣の織り目のヨコ糸4本下に針を出します。織り目ごとに4本まっすぐかがることをくり返します。

3

7目かがったら次の段に移ります。上の7目と中心を合わせて1本下の織り目に針を出します。

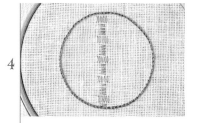

4

縦横に7目ずつくり返して端までかがります。きちんと織り目を数えてかがり、中心がずれないように注意します。

5

隣の列をかがります。裏で輪かくの刺繍の糸をすくって次の位置に針を出します。1列目と模様が逆になるように1本隣から同様にかがります。

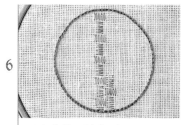

6

これをくり返せば完成です。

ウェーブステッチ

ハの字のステッチを上下に半分ずつずらしながらかがります。織り目のすき間と糸がジグザグに見えます。

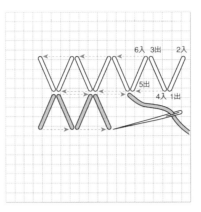

6入 3出 2入
5出
4入 1出

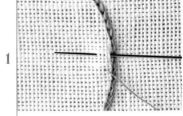

1
裏で糸始末をし（63ページ参照）、輪かくからタテ糸2本の位置に針を出します。ヨコ糸4本タテ糸2本右斜め上に針を入れ、タテ糸4本すくって針を出します。

2
次に1で針を最初に出した位置に針を入れ、タテ糸4本すくって針を出します。上下で半分ずつずれて織り糸を4本すくいます。

3
1で上に針を出した位置に入れ、タテ糸4本すくいます。ヨコ糸4本はさんで上下に4本ずつすくうことをくり返します。

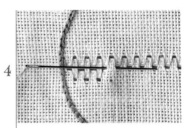

4
端までかがったら折り返します。1段目と対称になるようにかがります。これをくり返せば完成です。

アイレットステッチ

中心の織り目から放射線状にかがります。中心が丸く目があいたようになります。

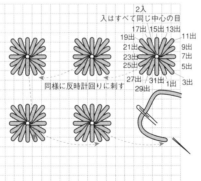

2入
入はすべて同じ中心の目
17出 15出 13出
19出　　　　　　11出
21出　　　　　　9出
23出　　　　　　7出
25出　　　　　　5出
同様に反時計回りに刺す
27出 31出　1入 3出
29出

1
裏で糸始末をし（63ページ参照）、好みの位置に針を出します。ヨコ糸2本タテ糸1本左斜め上に針を入れ、最初に針を出した位置の1本右隣に針を出します。この針を入れた場所が中心になります。

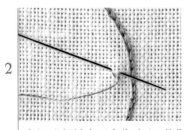

2
中心から上下左右に2本ずつあけて1目ずつ順番にかがります。反時計回りにかがり、正方形を描きます。

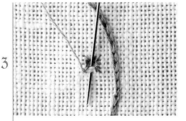

3
最後の1目が刺せました。織り1目ずつに糸が渡っています。

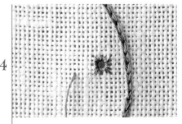

4
続けて好みの位置に針を出してくり返します。

フェストゥーンステッチ

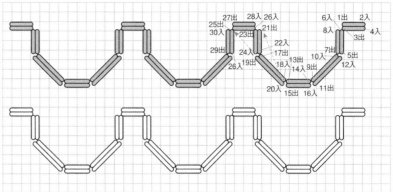

27出 28入 26入　　6入 1出 2入
25入　　21入　　8入　　3出
30入　23出　　　　　　4入
29出　24入　22入　17入　7出 5入
　　　26入 19入 18入 14入 9入 10入 12入
　　　　　20入 15出 16入 11出

お祭りなどで見かける中心をたるませた装飾リボンのような形です。同じ位置に2回糸を渡します。

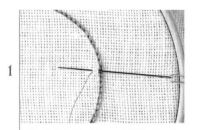

1 裏で糸始末をし（63ページ参照）、輪かくのきわからタテ糸3本の位置に針を出します。3本戻って輪かくのきわに針を入れ、最初の位置に針を出します。2回糸を渡します。

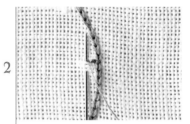

2 ヨコ糸3本下に針を入れ、1と同じ位置（ヨコ糸3本上）に戻って針を出します。

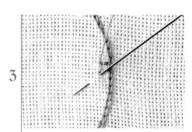

3 2で針を入れた位置（ヨコ糸3本下）に入れ、ヨコ糸3本タテ糸3本左斜め下に針を出します。もう1針くり返します。

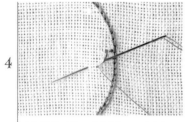

4 同じ位置に戻って針を入れ、ヨコ糸3本タテ糸6本左斜め下に針を出します。3で針を出した位置に入れてタテ糸3本かがります。

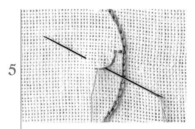

5 タテ糸3本戻って針を入れ、ヨコ糸3本タテ糸6本右斜め上に針を出します。4と左右対称の位置です。3本かがります。

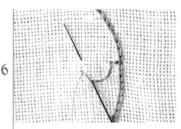

6 同じ位置に針を入れ、ヨコ糸6本タテ糸3本左斜め上に針を出します。これをくり返します。

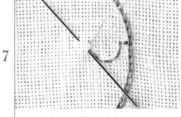

7 これでひとつの形ができました。あとはこれを端までくり返します。

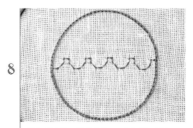

8 同じ織り目に針を入れて、3本ずつ2回かがっています。

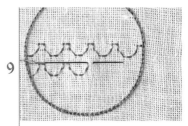

9 ヨコ糸3本下に同様に2段目を刺します。これをくり返せば完成です。

ajour embroidery

アジュール刺繍の刺し方

ダイヤゴナルドロンステッチ

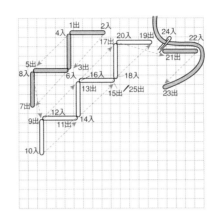

斜めに階段状に刺し進みます。2列以上刺すと、間にクロス模様ができます。

1 裏で糸始末をし（63ページ参照）、輪かくのきわからタテ糸4本の位置に針を出します。4本戻って輪かくのきわに針を入れ、ヨコ糸4本タテ糸4本左斜め下に針を出します。

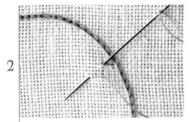

2 最初に針を出した位置に入れ、ヨコ糸4本タテ糸4本左斜め下に針を出します。

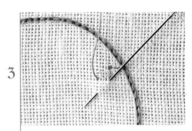

3 1で針を出した位置に針を入れ、ヨコ糸4本タテ糸4本左斜め下に針を出します。

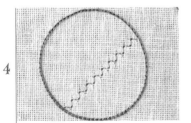

4 同じ位置に針を入れて4本ずつ斜め下に進むことをくり返します。

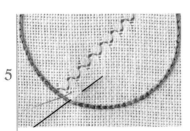

5 2列目は左下から右上に刺し進みます。裏で輪かくの刺繍の糸をすくい、1列目の階段状の角からヨコ糸1本タテ糸1本右斜め下に針を出します。ヨコ糸4本下（ここでは輪かくまで3本なので3本に）に針を入れ、ヨコ糸4本（3本）タテ糸4本右斜め上に針を出します。

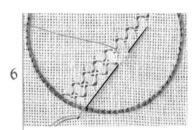

6 ヨコ糸4本タテ糸4本右斜め上に進んでいくことをくり返します。これをくり返せば完成です。

hedebo embroidery

ヘデボ刺繍は、デンマークが発祥の伝統的なホワイトワークです。ステッチのほとんどがヘデボのボタンホールステッチを基本としています。形は小さな丸や三角などが主ですが、内側を埋めるステッチの組み合わせでたくさんのバリエーションができます。ヘデボの技法はいくつか種類がありますが、ここでは布を切り抜いて縁をボタンホールステッチでかがり、内側をニードルレースのように模様を刺す方法を主に解説します。本来なら麻糸を使用しますが、ここでは手に入りやすいアブローダーを使用しています。

a

b

c

d

e

f

g

h

i

stitch 1

a はしごかがり1段

b はしごかがり2段

c ボタンホールスカラップ1段

d ボタンホールスカラップ2段＋糸を渡す

e ボタンホールスカラップ1段＋糸を渡す

f ボタンホールスカラップ1段＋糸を渡してつなぐ

g 糸を渡す

h ボタンホールスカラップ1段
　＋糸を渡してつなぐ

i はしごかがり4段

page. 92

j　ダーニングかがり
k　リックラック1段
l　リックラック1段＋糸を渡す

m　リックラック1段＋ボタンホールスカラップ1段
　　＋糸を渡してつなぐ
n　糸を渡す＋結びかがり（ドロンワーク p.57）
o　ヘデボリングで作る星（リックラックをつなげる）

p　リックラック1段＋糸を渡してつなぐ
q　はしごかがり3段＋リックラック1段
　　＋糸を渡す

stitch 2

モザイクのように組み合わせて1羽の鳥にしました。
内側のステッチによっても印象が変わり、自由に組み合わせを楽しめます。
目と口ばしと尾だけはそれらしく見えるようにポイントをおさえて。

15. / DESIGN page. 95

14. / DESIGN page. 94

ヘデボ刺繍で描く植物。ひとつで花にしたり、花びらのように組み合わせたり、
アイデア次第でさまざまな形が作れます。
三角のリックラックは立体的になっています。

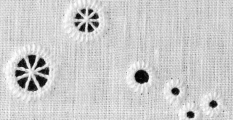

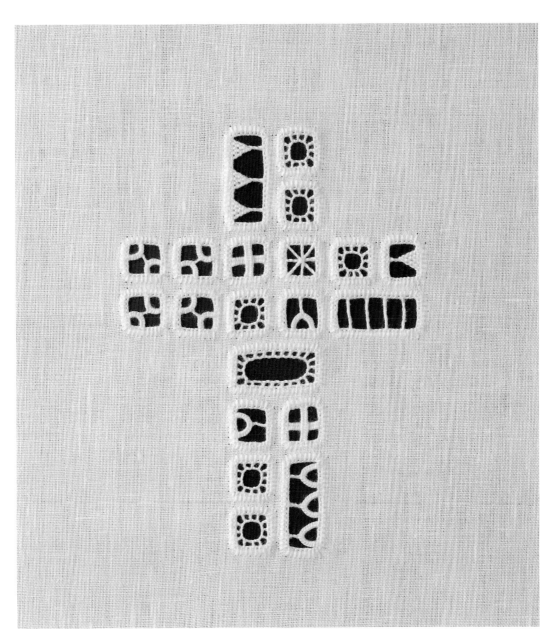

四角を組み合わせてクロス形にしました。
正方形だけでもクロスは作れますが、正方形と長方形を組み合わせて
変化をつけたほうがおもしろさが出ます。

16. / DESIGN page. 96

ヘデボ刺繍で描く夜空は、おとぎ話のような雰囲気で。
星がゆらゆらとゆれるように、頂点だけを縫いとめています。

41
hedebo embroidery

刺繍枠ケース。ケースに直接刺繍をしてもすてきですが、
別布に刺繍をして重ねると
すき間から布の色が見えてより模様が際立ちます。

41ページのクロスをシンプルにして、きんちゃくにしました。
2枚の袋を重ねたり、ひも通しを
ループにするアイデアもおしゃれです。

20./ HOW TO MAKE page. 102

ランチョンマットとコースターの隅に刺繍を入れました。
好みの刺繍を好みの位置に入れればOKなので、
まずはひとつから始めてみてはいかが。

hedebo embroidery

図案の輪かくをランニングステッチで刺し、
内側を少しずつカットしながら
ヘデボのボタンホールステッチをします。
輪かくができれば、内側に自由に
ステッチを組み合わせます。
輪かくは先のとがった針と先の丸い針、
内側をかがるときは先の丸い針を使います。

1. 輪かくを刺す

1

布に図案を写し、図案に沿ってランニング
ステッチを1周します。

2

1のランニングステッチのあいている部分を
刺してさらにランニングステッチをします
（ダブルランニングステッチ）。1周刺した
ら輪かくから2、3mm外に針を出します。

3

中心から布をカットします。図案を目分量
で10～12等分し、2で針を出した位置を目
がけて切り込みを入れます。糸を切らない
ように注意してください。

4
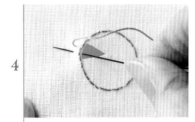
カットした布を裏に折り込みます。針を切り
込み側に入れ、針を出した位置から2mm
ほど隣に針を出します。

5
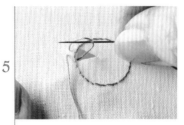
針を抜いて糸をゆっくり引きます。糸を引き
きらずにループにし、奥から手前に針を通
します。

6

糸を引いてループを引き締めます。ヘデボ
のボタンホールステッチがひとつできまし
た。これを布をカットした輪かくに沿って反
時計回りにくり返します。

7
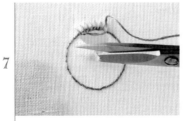
カットした分が刺せたら、同様に布をカット
して裏に折り込み、輪かくにボタンホールス
テッチをします。これをくり返して1周しま
す。

8
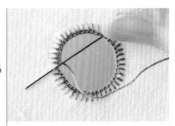
1周刺したら先の丸い針に替え、刺し始め
のステッチの足に通して糸を引きます。

9
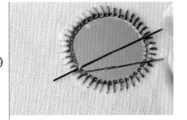
次に時計回りにボタンホールステッチの山
をすくいます。山を奥から手前に向かって
すくい、糸をからげます。

10
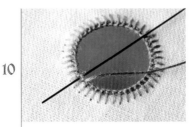
時計回りにくり返して1周します。1周したら
最初の山に通します。

11
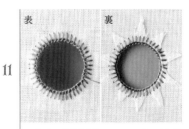
これでヘデボのボタンホールステッチの完
成です。裏はこのようになっています。ここ
で終わる場合は、裏で糸始末をします（63
ページ参照）。

2. 内側に模様をかがる

はしごかがり

内側にヘデボのボタンホールステッチをゆるめにかがって、はしごのようなレース模様を作ります。1段、2段と重ねるとより複雑になります。

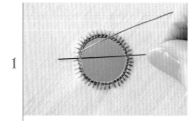

1　輪かくを刺したら、反時計回りに2目先のボタンホールステッチの山に奥から手前に針を通します。

2　糸を引ききらずにループにし、奥から手前に針を通します。糸を軽く引き、このくらいループを残します。これで1目できました。

3　1と2をくり返します。2目先の山に針を通して糸を引き、ループの中に針を通します。

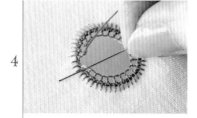

4　これをくり返して1周します。最後は最初の糸に奥から手前に針を通します。

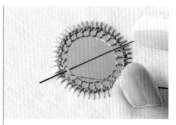

5　次に時計回りに1目戻ってループ（山）を奥から手前に針を通してすくいます。これをくり返して1周します。

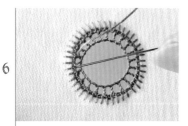

6　1周したら1目先まですくい、刺し始めのステッチに戻って針を入れて裏に出します。

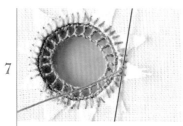

7　裏でステッチの糸に針を通して、糸始末をします（63ページ参照）。

8　裏に折り返した布の余分をカットします。糸を切らないように注意してください。これで完成です。

＊2段

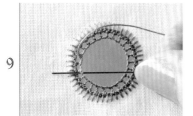

9　続けて2段目を刺す場合は、反時計回りに2目先のボタンホールステッチのループに奥から手前に針を通します。

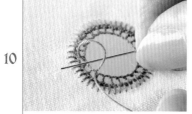

10　糸を引ききらずにループにし、奥から手前に針を通します。1段目と同様に糸を軽く引き、ループを残します。これで1目できました。

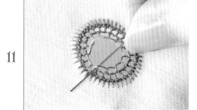

11　これをくり返して反時計回りに1周します。最後は最初の糸に奥から手前に針を通します。あとは1段目の5〜7と同様に刺し、裏で糸始末をすれば完成です。

ボタンホールスカラップ

輪かくに糸を渡して芯にし、ヘデボのボタンホールステッチをします。ボタンホールスカラップ2つにまたがるように2段目を作ることができます。

＊1段

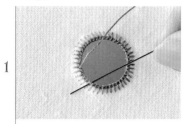

1 輪かくを刺したら、反時計回りに5目先のボタンホールステッチの山に奥から手前に針を通します。

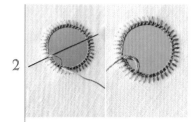

2 糸を引ききらずに半円くらいの芯にします。これを4回くり返します。

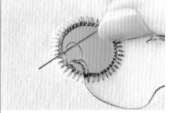

3 芯に奥から手前に針を通して糸を引きます。糸を引ききらずにループにし、さらにループに奥から手前に針を通します。

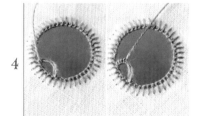

4 糸を引いてループを引き締めます。ヘデボのボタンホールステッチがひとつできました。これをくり返して芯をボタンホールステッチでくるみます。

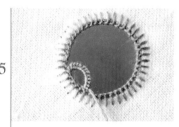

5 端まで刺せました。これで終了する場合は、1で針を通した場所に再度通して糸始末をします（63ページ参照）。

＊2段

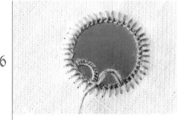

6 2段目を作る場合は、隣のボタンホールステッチの山に奥から手前に針を通し、同様にループを作ります。

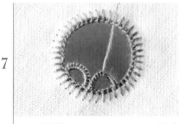

7 2〜4と同様にボタンホールスカラップを芯の半分まで刺します。

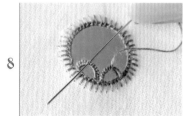

8 半分まで刺したらひとつ目のボタンホールスカラップの中央の山に、奥から手前に針を通します。

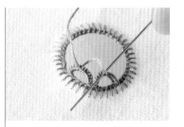

9 2つ目の芯に戻り、ボタンホールステッチの山をすくいます。これを3回くり返して芯を作り、芯にボタンホールステッチをします。

10 端までステッチをしたら2段目は完成です。

11 そのまま1段目の2つ目の芯に針を入れ、ボタンホールステッチを端まで刺します。

糸を渡す

輪かくに直接糸を渡したり、向かい合わせのボタンホールスカラップに糸を渡したりします。ここでは6つのボタンホールスカラップに糸を渡す方法を解説します。

1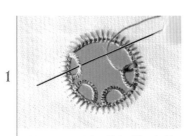

ボタンホールスカラップを3つ刺し、4つ目のボタンホールスカラップを半分までボタンホールステッチします。向かいのボタンホールスカラップの中央の山に奥から手前に針を通します。

2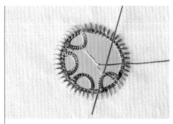

渡した糸にからげながら戻り、4つ目のボタンホールスカラップのステッチに奥から手前に針を通します。

3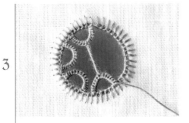

残りの半分もボタンホールステッチをします。これで糸が渡りました。

4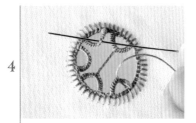

残りの2つのボタンホールスカラップも同様にして糸を渡します。

5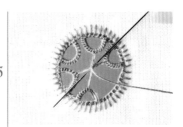

先に渡した糸と中央で交差する部分は、先の糸をすくって糸をからげます。

ダーニングかがり

輪かくに渡した2本の糸を8の字に交互にすくってかがります。シュバルム刺繍のウィービングステッチフィリングのクロス部分（18ページ）と同じ針の動きです。

1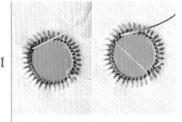

輪かくを刺したら、向かいの位置のステッチに表から裏に針を通します。2目隣から針を出し、向かいのステッチに表から裏に針を通します。これで平行に2本の糸が渡りました。

2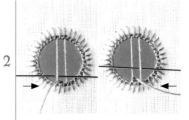

2本の間から針を出し、左の糸を外から内にすくいます。次に右の糸を外から内にすくいます。

3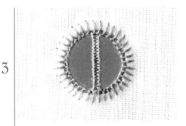

これをくり返して端までかがります。

4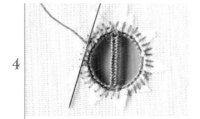

クロスにする場合は、裏でステッチの糸に通しながら直角になる位置まで移動します。

5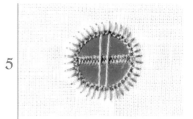

同様に糸を平行に渡し、2本の間を8の字にかがります。

リックラック

内側にヘデボの
ボタンホールステッチで三角形の模様
を作ります。底辺の長さによって三角形
のサイズが変わりますが、底辺がカーブ
の場合はゆがみが出るので円を8〜10
等分したサイズがきれいにできます。

1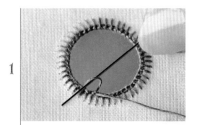

輪かくを刺したら、反時計回りに隣のボタ
ンホールステッチの山に奥から手前に針を
通します。糸を引ききらずにループにし、奥
から手前に針を通して糸を引きます。

2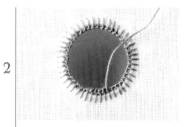

これをくり返してヘデボのボタンホールステ
ッチを5つ作ります。

3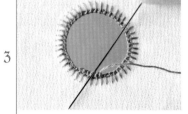

次に1つずつループ（山）を奥から手前に
針を通してすくいながら戻ります。これで1
段目ができました。

4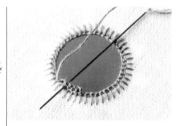

2段目を作ります。1段目の2つ目の山をすく
い、同様にボタンホールステッチをします。
2段目は4つステッチをしたら、1段目同様に
山をすくいながら戻ります。

5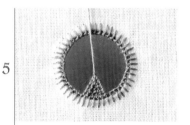

これをくり返して5段目の1目が頂点になる
まで作ります。

6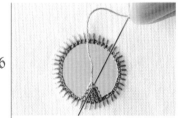

4段目の右側のステッチの目に奥から手前
に針を通します。3、2、1目の順でかがり
ながら戻ります。

7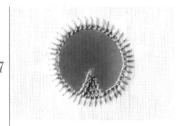

リックラックができました。

8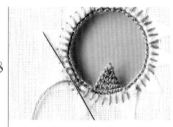

これで終了する場合は、裏に糸を出して糸
始末をします（63ページ参照）。続けて刺
す場合は、裏に糸を出して、裏の糸をすく
いながら刺したい位置に移動します。

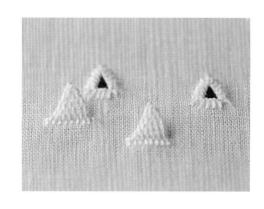

hedebo embroidery
ヘデボ刺繍の刺し方

ヘデボリングで作る星

糸を巻いて芯にし、ヘデボのボタンホールステッチでリックラックを作りながら1周します。

1 ヘデボスティックに糸を5回巻きます。スティックがない場合は、ペンなどの筒状のもので代用できます。

2 糸とスティックの間に針を入れて通します。

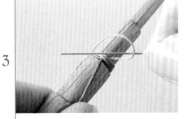

3 糸を引ききらずにループにし、輪に針を奥から手前に通します。

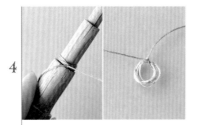

4 糸を引き締め、スティックから糸をはずします。これでヘデボのボタンホールステッチが1つできた状態です。

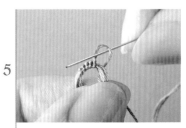

5 続けて糸を芯にしてボタンホールステッチを時計回りに5つ作ります。これがリックラックの1段目になります。

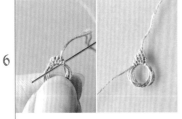

6 あとは49ページと同様にリックラックを作ります。

7 5段目までリックラックができたら、右側のステッチの目に奥から手前に針を通します。3、2、1段目の順でかがりながら戻ります。

8 芯まで戻ったら同様にボタンホールステッチを5つ作り、リックラックを作ることをくり返します。

9 2つ目のリックラックができました。リックラックを5つ作って1周すれば完成です。

drawn work

ドロンワーク

ドロン・スレッドワークとも呼ばれます。ドロンとは引き抜くという意味で、内側の一部の織り糸を引き抜いて始末し、残った織り糸をかがって帯状の模様を作ります。ハンカチや洋服などの縁飾りとしてもよく使われる刺繍です。大きな面積の糸を抜く場合もありますが、この本では細い帯状にヨコ糸を抜いて、タテ糸をかがるシンプルな模様を解説します。

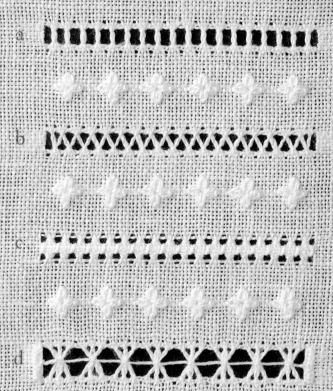

stitch 1

a 両ヘムかがり（上下に4本ずつのヘムステッチ）

b ジグザグかがり（上の両端のみ2本のヘムステッチ、それ以外と下は4本ずつのヘムステッチ）

c フォーサイドステッチ（4本ずつかがる）

d ヘムかがり＋結びかがり（上下に3本ずつのヘムステッチ＋中心に結びかがり）

page. 104

図案は130％拡大しています。

e

f

g

h

stitch 2

e 片ヘムかがり（下のみ4本ずつのヘムステッチ）

f 結びかがり（上下にヘムステッチをせずに結びかがり）

g フォーサイドステッチ＋結びかがり（上下に3本ずつかがる＋中心に結びかがり）

h ヘムかがり＋フォーサイドステッチ（上下に4本ずつのヘムステッチ＋中心に4本ずつかがる）

53
drawn work

page. 104
図案は130％拡大しています。

刺繍枠にそのまま飾るだけでもすてきなインテリアになります。
ダーラナホースのシンプルな形に帯状のドロンワークがよく映えます。

22./ HOW TO MAKE page. 106

麻のテープに刺してリボンにしました。長く刺せばラッピング用に。
短く刺してリボンの形にまとめればブローチや髪どめになります。

模様の幅だけ織り糸を抜き、輪かくをかがります。
輪かくをかがるだけでも模様ができ、さらに内側をかがって模様を作ると複雑になります。
針は先の丸い針を使います。

1. 糸を抜く

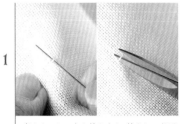

1

裏を上にして糸を抜きます。抜きたい部分の中心のヨコ糸を針で引き出します。ほかの糸を切らないように注意しながら引き出した糸をカットします。

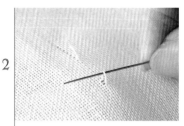

2

切った織り糸を左側に少しずつ針ですくって引き出します。

3

端まで抜けたら針に抜いた糸を通します。抜いた部分の端、糸を抜いていない織り地の部分で糸始末をします。

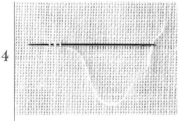

4

抜いた糸のすぐ上のタテ糸を、1本おきに3本すくいます。これで糸がおさえられました。

5

次に右側も同様に糸を引き出して糸始末します。

6

模様を作りたい部分だけ糸を抜き、糸始末をします。これでベースができました。

2. 輪かくを刺す

ヘムステッチ

残ったタテ糸を上下で数本ずつ束ねてかがります。上下をずらせば模様に変化がつけられます。

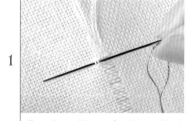

1

抜いた部分を縦にして裏を見ながら刺します。角から針を入れてヨコ糸を2本すくいます。

2

内側に残したタテ糸を4本すくいます。

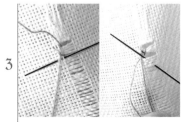

3

2でタテ糸をすくった位置のヨコ糸を2本すくって糸を引きます。続けて内側のタテ糸を4本すくいます。

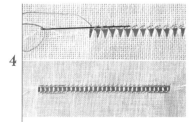

4

これをくり返して端までかがったら糸始末をします。裏のまま刺した糸にくぐらせます。もう片方も同様にかがり、糸始末をします。

5

左右に残している抜いた糸の余分をカットします。先にカットせずにかがってからカットするのは、抜く本数を間違えていたときにやり直すためです。

ボタンホールステッチ

抜いた部分の両端をかがります。内側に結びかがりをするときに使われます。

1 布の表を上にして、角に向けて数針ランニングステッチをします。糸端は少し残す程度に引きます。

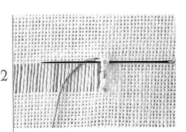

2 針を内側に向けて、タテ糸を端から3本すくいます。針先に糸をかけて針を抜き、糸を引きます。

3 これを1目ずつくり返します。

4 ボタンホールステッチができました。裏に糸を出してステッチの糸をすくって糸始末をします。反対側の端も同様にかがれば完成です。

3. 内側に模様をかがる

結びかがり

両端をボタンホールステッチをし、内側に残したタテ糸を数本ずつ束ねます。

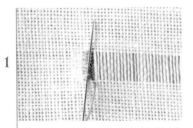

1 端をボタンホールステッチをしたら裏に糸を出し、ステッチの糸の中を通して中心に針を出します。

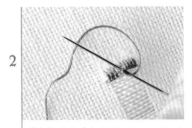

2 表を上にして、中心のボタンホールステッチの山に結びつけます。

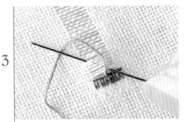

3 内側のタテ糸を6本すくい、針先に糸をかけて引きます。

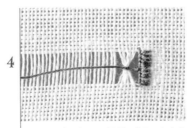

4 タテ糸の束を中心で引き締めます。これをくり返して端までかがります。

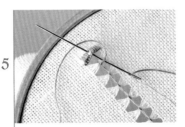

5 最後は端のボタンホールステッチの山に結びつけて、裏で糸始末をすれば完成です。

drawn work

ドロンワークの刺し方

フォーサイドステッチ

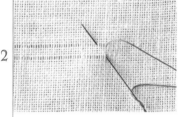

四角になるように糸を渡してかがります。中心だけでなく、上下の模様としてもよく使われます。

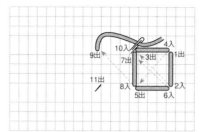

1 模様を作りたい部分の上下のヨコ糸を1本ずつ抜き、中に4本残します。

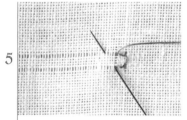

2 上の1本抜いた角から針を出します。下の1本抜いた角に針を入れ、ヨコ糸4本タテ糸4本左斜め上に針を出します。

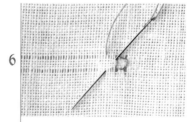

3 1の上の角に針を入れ、ヨコ糸4本タテ糸4本左斜め下に針を出します。

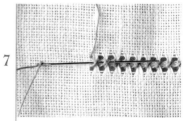

4 下の角に針を入れ、2のヨコ糸4本タテ糸4本左斜め上と同じ位置に針を出します。

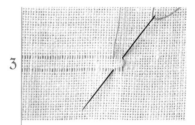

5 3と同じ位置(ヨコ糸4本下)に針を入れ、ヨコ糸4本タテ糸4本左斜め上に針を出します。

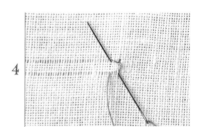

6 四角に刺すことをくり返して端までかがります。

7 裏はクロス模様になります。端までかがったら裏に針を出し、クロスの中心をすくって糸始末をします。

FELT ARRANGE
フェルトアレンジ

フェルトは布端の始末が必要ないので、くり抜けば簡単に透かし模様のような効果が作れます。

刺繍の針休めとして、または透かし模様の第一歩として気軽に刺してみてください。

シンプルなフェルトのブローチは、
小さなサイズを重ねづけしてもかわいい。
内側をカットして、そのままヘデボ刺繍をします。

23. / HOW TO MAKE page. 108

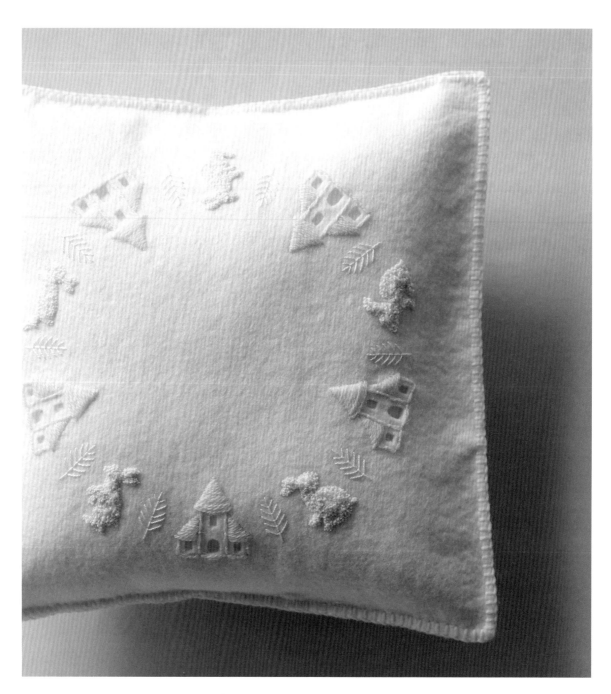

フェルトのクッションには、ウールの刺繍糸や毛糸を使うと
ボリュームが出てバランスがとれます。
周囲もざくざくとステッチで縫い合わせます。

60
FELT ARRANGE

フェルトのメガネケースは、
60ページのクッションとおそろいの図案です。
ふたをとめるボタンにも糸ボタンを使い、やさしい雰囲気に。

25. HOW TO MAKE page. 107

道具と材料

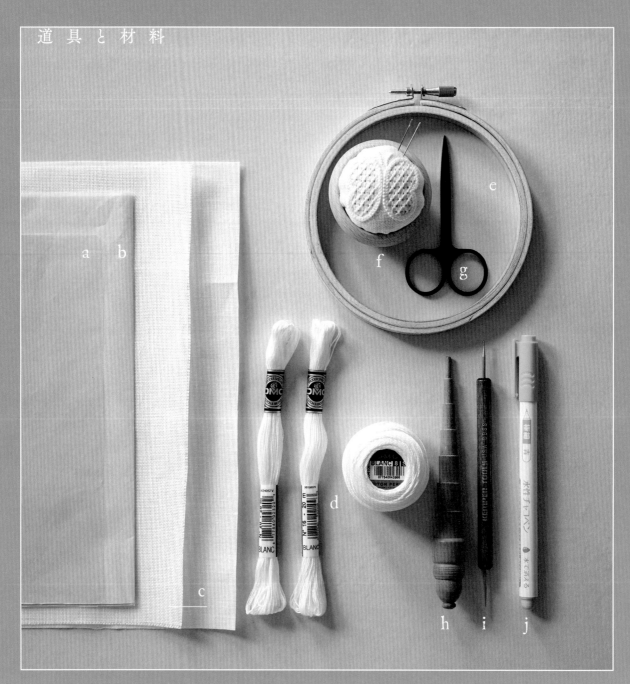

a，b. セロハン、手芸用複写紙／図案を写すときに使います。

c. 麻布／平織りの麻布。シュバルムとドロンワークは1cmに12〜14目くらいの布、アジュールは織り糸を抜かないので粗めの10目か11目の布、ヘデボは布目を数えずに刺すので目の詰まった布がおすすめです。どれも布目がそろったものを選びます。

d. 刺繍糸／アジュール刺繍には25番刺繍糸、ほかは基本的にアブローダーという甘よりの糸の16・20・25・30番を使います。フリーステッチには25番刺繍糸、コットンパールの8番、好みのウールや毛糸を使っています。

e. 刺繍枠／サイズはいろいろありますがよく使うのは10cmです。使いやすいサイズで刺してください。

f. 刺繍針とピンクッション／63ページのように先のとがったものと丸いものの2種類を使います。

g. はさみ／糸切りばさみと裁ちばさみを用意しておきます。糸切りばさみは先がとがった切れ味のよいものを。

h. ヘデボスティック／ヘデボリングや星を作るときに使います。

i. トレーサー／図案を写すときにセロハンの上からトレーサーでなぞります。

j. 手芸用印つけペン／図案を写すときや描くときに使います。

針について

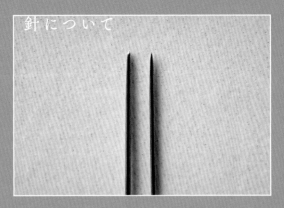

左は針先が丸い針、右はとがった針です。丸い針は輪かく
の内側をかがるときなどに、とがった針はフリーステッチや
布に輪かくを刺すときに使います。

図案の写し方

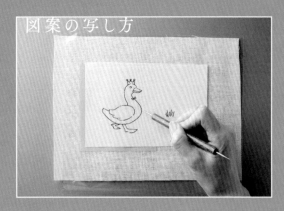

布、手芸用複写紙、図案、セロハンの順に重ね、トレーサー
で図案をなぞります。図案が布に透ける場合は、図案に布を
重ねて手芸用の印つけペンでなぞって写してもかまいません。

刺し始めと 刺し終わり

玉結びをするとその部分だけがごろごろと出てしまう可能性があるので、玉結びはしません。
裏でステッチの糸に数回通しておけば大丈夫です。

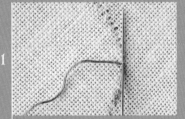

1 裏に針を出し、ステッチの糸を1目すくっ
て、返し縫いのように戻ります。

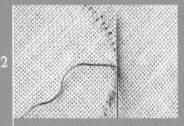

2 次の1目も同様にすくって戻ります。

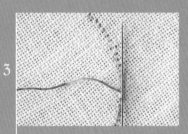

3 そのまま先の糸を数目すくいます。

4 余分な糸をきわでカットします。これで玉結
びをしなくてもほどけません。

次の列に移るときは

シュバルム刺繍やアジュール刺繍など、1列目を刺して次の列に移るときにも、裏に針を出
して輪かくのステッチをすくって次に針を出す位置の近くまで移動します。次の位置が遠
い場合は裏でいったん糸始末をしてカットし、次の位置の近くから刺し始めます。

刺し方、図案と作品の作り方

- この本で使う、写真で解説していないシュバルム刺繍と
  アジュール刺繍の刺し方、フリーステッチの刺し方を掲載しています。

- 図案は実寸を基本にしていますが、縮小率が記載している図案については
  指定の数字に拡大してご使用ください。

- 図中のアルファベット「S」はステッチの略、「#」は刺繍糸の番手です。

- 刺繍糸はDMC、ウールの糸はアップルトンを使用していますが、
  糸の種類があっていれば好みのものを使ってもかまいません。

- 図中の数字の単位はcmです。

- 構成図や図案の寸法には特に表示のない限り縫い代を含みません。
  1cmを目安に縫い代をつけてください。
  裁ち切りと表示のある場合は縫い代をつけずに布を裁ちます。

- 布などの用尺は少し余裕をもたせています。
  刺繍布の場合は、刺繍枠がはめられるサイズを用意してください。

- 作品の出来上がりは、図の寸法と多少の差が出ることがあります。

free stitch embroidery

アウトラインステッチ
アウトラインフィリングステッチ

アウトラインフィリングステッチは
アウトラインステッチを並べて刺す

コーチングステッチ

コーラルステッチ

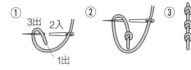

サテンステッチ

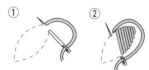

ストレートステッチ

チェーンステッチ

ウィップドチェーンステッチ

チェーンステッチに巻きつける

フライステッチ

フレンチノットステッチ

針に糸を巻く

ボタンホールステッチ

円に刺す場合

ランニングステッチ

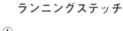

レゼーデージーステッチ

レゼーデージー＋
ストレートステッチ

ロング＆ショートステッチ

シュバルム刺繍の刺し方

ラッピングステッチ　タテ糸のみ4本おきに1本抜く

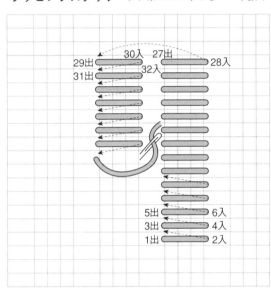

ベーシックステッチ　2本おきに2本抜く

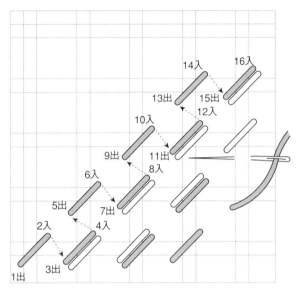

ダブルラッピングステッチ　3本おきに1本抜く

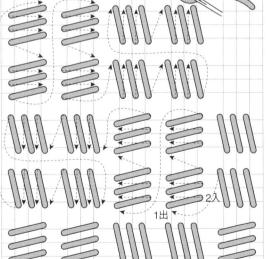

ローズステッチ　3本おきに1本抜く

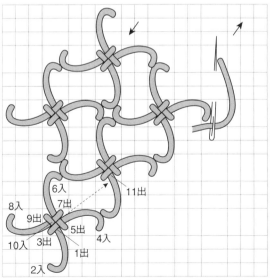

1出、3出、5出、7出、9出、10入はすべて同じ位置

schwalm embroidery

スターローズステッチ　4本おきに1本抜く

モスキートステッチ　ヨコ糸のみ3本おきに1本抜く

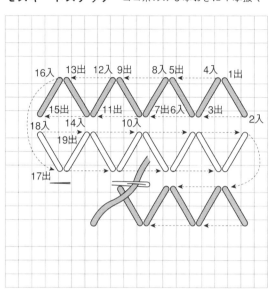

1出、3出、5出、7出、9出、10入はすべて同じ位置
刺し方はローズステッチと同じ

ワッフルステッチ　ヨコ糸のみ3本おきに1本抜く

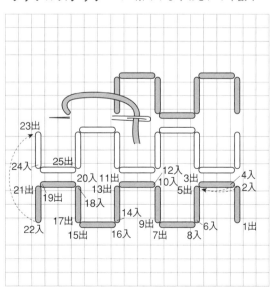

アジュール刺繍の刺し方

チェッカーフィリングステッチ

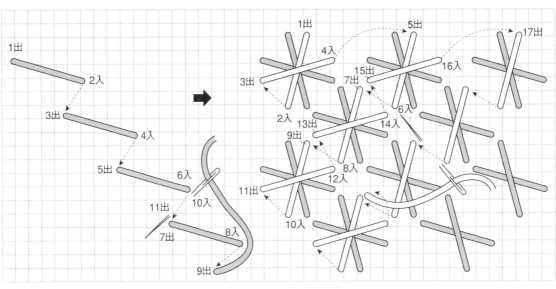

モザイクフィリングステッチ

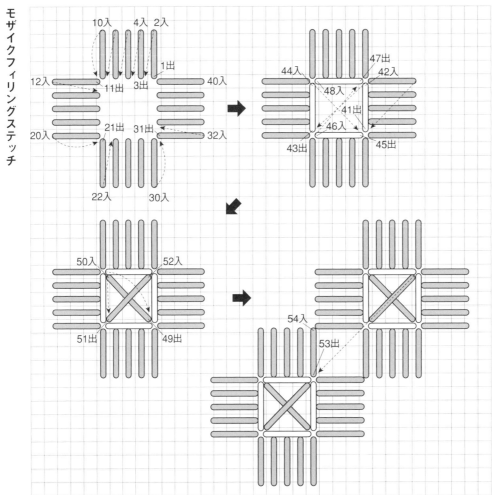

リバースウェーブステッチ

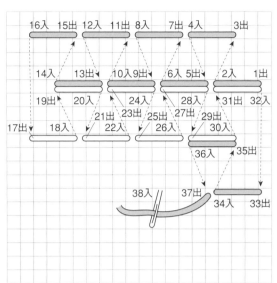

ペブルフィリングステッチ

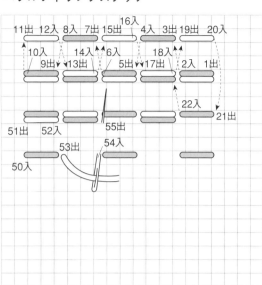

ドロンボタンホールステッチ

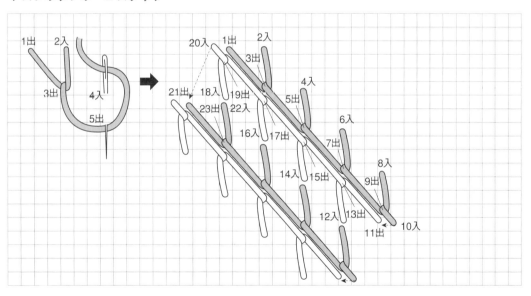

材　料　本体用布(12目／cmの半織りリネン　白)
　　　　DMCアブローダー B5200 #16, 20, 25

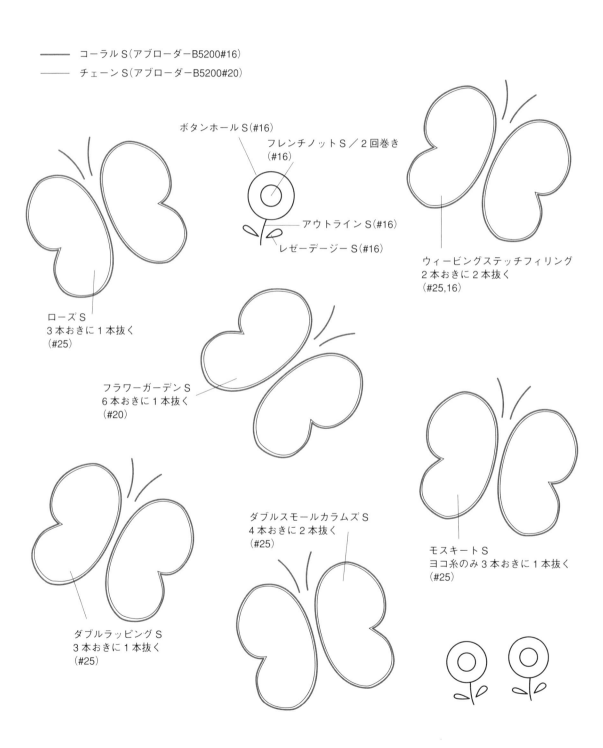

──── コーラル S（アブローダーB5200#16）

──── チェーン S（アブローダーB5200#20）

ボタンホール S（#16）

フレンチノット S／2回巻き
（#16）

アウトライン S（#16）

レゼーデージー S（#16）

ウィービングステッチフィリング
2本おきに2本抜く
（#25,16）

ローズ S
3本おきに1本抜く
（#25）

フラワーガーデン S
6本おきに1本抜く
（#20）

ダブルスモールカラムズ S
4本おきに2本抜く
（#25）

モスキート S
ヨコ糸のみ3本おきに1本抜く
（#25）

ダブルラッピング S
3本おきに1本抜く
（#25）

材　料　本体用布（12目／cmの平織りリネン　白）
　　　　DMCアブローダー B5200 #16, 20, 25

―――― コーラルS（アブローダーB5200#16）
―――― チェーンS（アブローダーB5200#20）

ターキッシュポイントS
ヨコ糸のみ4本おきに1本抜く
（#25）

ラッピングS
図案に対して
タテ糸のみ4本おきに1本抜く
（#25）

ボタンホールS（#16）

フレンチノットS
／2回巻き（#16）

アウトラインS（#16）

レゼーデージーS（#16）

スターローズS
4本おきに1本抜く
（#25）

ベーシックS
2本おきに2本抜く
（#25）

エーゼルS
ヨコ糸のみ4本おきに1本抜く
（#25）

ワッフルS
図案に対して
ヨコ糸のみ3本おきに1本抜く
（#25）

材　料　本体用布（14目／cmの平織りリネン　白）
　　　　DMCアブローダー B5200 #16, 20, 25, 30
　　　　DMC25番刺繍糸 BLANC

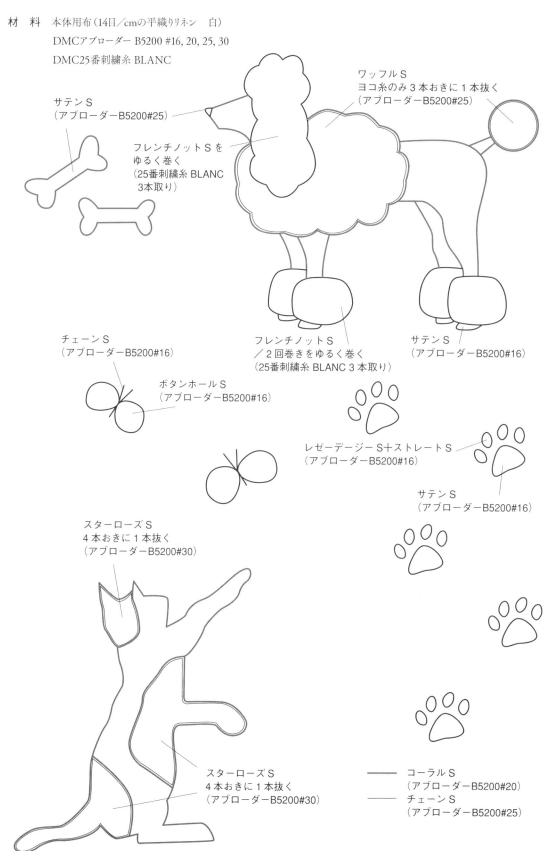

サテンS
（アブローダーB5200#25）

ワッフルS
ヨコ糸のみ3本おきに1本抜く
（アブローダーB5200#25）

フレンチノットS を
ゆるく巻く
（25番刺繍糸 BLANC
3本取り）

チェーンS
（アブローダーB5200#16）

ボタンホールS
（アブローダーB5200#16）

フレンチノットS
／2回巻きをゆるく巻く
（25番刺繍糸 BLANC 3本取り）

サテンS
（アブローダーB5200#16）

レゼーデージー S＋ストレート S
（アブローダーB5200#16）

サテンS
（アブローダーB5200#16）

スターローズS
4本おきに1本抜く
（アブローダーB5200#30）

スターローズS
4本おきに1本抜く
（アブローダーB5200#30）

コーラルS
（アブローダーB5200#20）

チェーンS
（アブローダーB5200#25）

材　料　本体用布（14目／cmの平織りリネン　白）　　　　DMCライトエフェクト糸 E677
　　　　DMCアブローダー BLANC #20, 25　　　　　　　　DMCディアマント D3821
　　　　DMC25番刺繍糸 BLANC
　　　　DMCコットンパール BLANC #8, 12

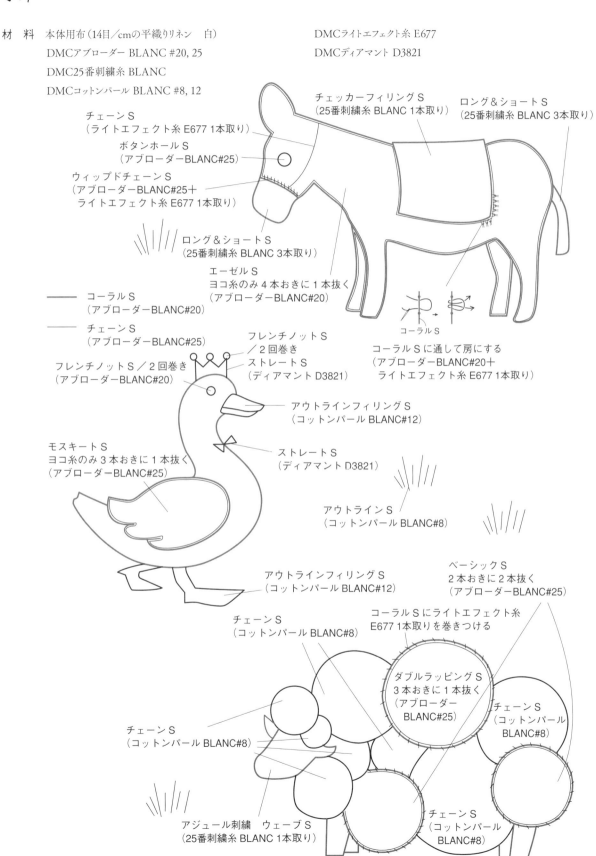

チェッカーフィリング S
（25番刺繍糸 BLANC 1本取り）

ロング＆ショート S
（25番刺繍糸 BLANC 3本取り）

チェーン S
（ライトエフェクト糸 E677 1本取り）

ボタンホール S
（アブローダーBLANC#25）

ウィップドチェーン S
（アブローダーBLANC#25＋
ライトエフェクト糸 E677 1本取り）

ロング＆ショート S
（25番刺繍糸 BLANC 3本取り）

エーゼル S
ヨコ糸のみ 4本おきに 1本抜く
（アブローダーBLANC#20）

コーラル S
（アブローダーBLANC#20）

チェーン S
（アブローダーBLANC#25）

コーラル S

コーラル S に通して房にする
（アブローダーBLANC#20＋
ライトエフェクト糸 E677 1本取り）

フレンチノット S
／2回巻き
ストレート S
（ディアマント D3821）

フレンチノット S／2回巻き
（アブローダーBLANC#20）

アウトラインフィリング S
（コットンパール BLANC#12）

モスキート S
ヨコ糸のみ 3本おきに 1本抜く
（アブローダーBLANC#25）

ストレート S
（ディアマント D3821）

アウトライン S
（コットンパール BLANC#8）

アウトラインフィリング S
（コットンパール BLANC#12）

ベーシック S
2本おきに 2本抜く
（アブローダーBLANC#25）

チェーン S
（コットンパール BLANC#8）

コーラル S にライトエフェクト糸
E677 1本取りを巻きつける

ダブルラッピング S
3本おきに 1本抜く
（アブローダー
BLANC#25）

チェーン S
（コットンパール
BLANC#8）

チェーン S
（コットンパール BLANC#8）

アジュール刺繍　ウェーブ S
（25番刺繍糸 BLANC 1本取り）

チェーン S
（コットンパール
BLANC#8）

材　料　本体用布（14目／cmの平織りリネン　白）
　　　　DMCアブローダー B5200 #16, 20, 25、BLANC #25
　　　　DMCライトエフェクト糸 E677, E168
　　　　DMCディアマント D301
　　　　アップルトンクルウェルウール 991B

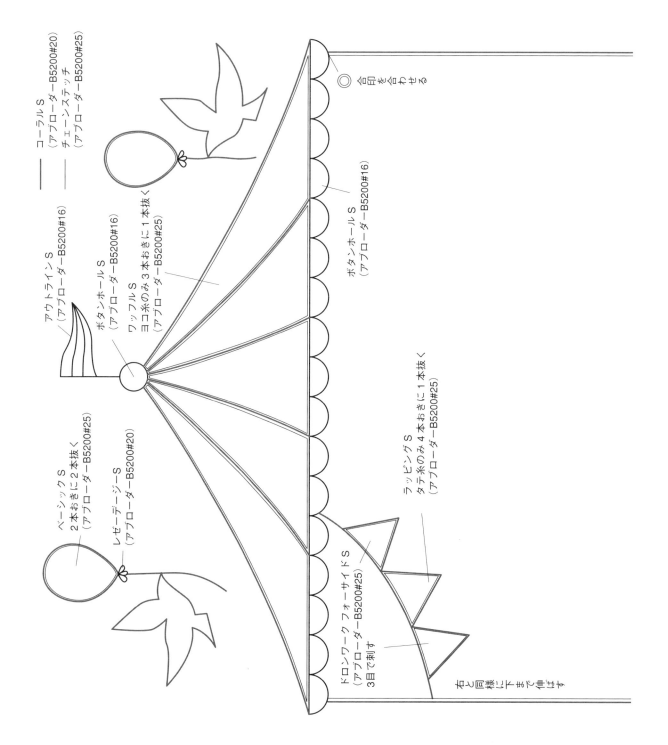

ローラルS
（アブローダーB5200#20）
チェーンステッチ
（アブローダーB5200#25）

アウトラインS
（アブローダーB5200#16）

ボタンホールS
（アブローダーB5200#16）

ワッフルS
ヨコ糸のみ3本おきに1本抜く
（アブローダーB5200#25）

ベーシックS
2本おきに2本抜く
（アブローダーB5200#25）

レゼーデージーS
（アブローダーB5200#20）

ボタンホールS
（アブローダーB5200#16）

合印を合わせる

ラッピングS
タテ糸のみ4本おきに1本抜く
（アブローダーB5200#25）

ドロンワークフォーサイドS
（アブローダーB5200#25）
3目で刺す

右と同様に下まで伸ばす

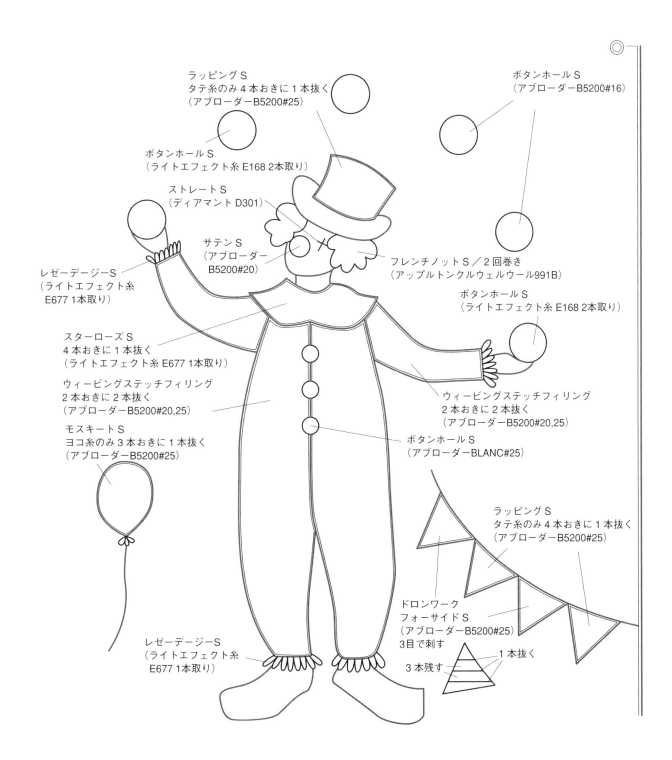

コーラル S
（アブローダーB5200#20）

チェーン S
（アブローダーB5200#25）

ラッピング S
タテ糸のみ 4 本おきに 1 本抜く
（アブローダーB5200#25）

ボタンホール S
（アブローダーB5200#16）

ボタンホール S
（ライトエフェクト糸 E168 2本取り）

ストレート S
（ディアマント D301）

サテン S
（アブローダー
B5200#20）

フレンチノット S ／ 2 回巻き
（アップルトンクルウェルウール991B）

レゼーデージー S
（ライトエフェクト糸
E677 1本取り）

ボタンホール S
（ライトエフェクト糸 E168 2本取り）

スターローズ S
4 本おきに 1 本抜く
（ライトエフェクト糸 E677 1本取り）

ウィービングステッチフィリング
2 本おきに 2 本抜く
（アブローダーB5200#20,25）

ウィービングステッチフィリング
2 本おきに 2 本抜く
（アブローダーB5200#20,25）

モスキート S
ヨコ糸のみ 3 本おきに 1 本抜く
（アブローダーB5200#25）

ボタンホール S
（アブローダーBLANC#25）

ラッピング S
タテ糸のみ 4 本おきに 1 本抜く
（アブローダーB5200#25）

ドロンワーク
フォーサイド S
（アブローダーB5200#25）
3目で刺す

1本抜く

3本残す

レゼーデージー S
（ライトエフェクト糸
E677 1本取り）

材　料　本体用布（12目／cmの平織りリネン　青）25×30cm
　　　　中袋用布　25×30cm
　　　　長さ20cmファスナー　1本
　　　　DMCアブローダー ECRU #20, 25　適宜
　　　　DMCコットンパール ECRU #8　適宜

出来上がり寸法　13×20cm

作り方
1. 刺繍をする。
2. 本体と中袋の口にファスナーをつける。
3. 脇を縫う。
4. 表に返して返し口をとじる。

本体 1枚

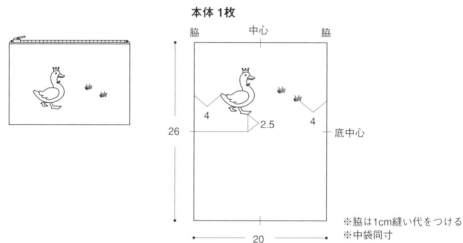

※脇は1cm縫い代をつける
※中袋同寸

仕立て方

①

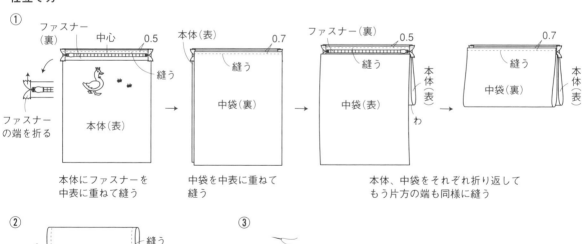

本体にファスナーを
中表に重ねて縫う

中袋を中表に重ねて
縫う

本体、中袋をそれぞれ折り返して
もう片方の端も同様に縫う

②

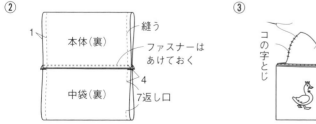

縫い代を中袋側に倒して図のように折り
返し口を残して脇を縫う

③

表に返し、返し口をとじる

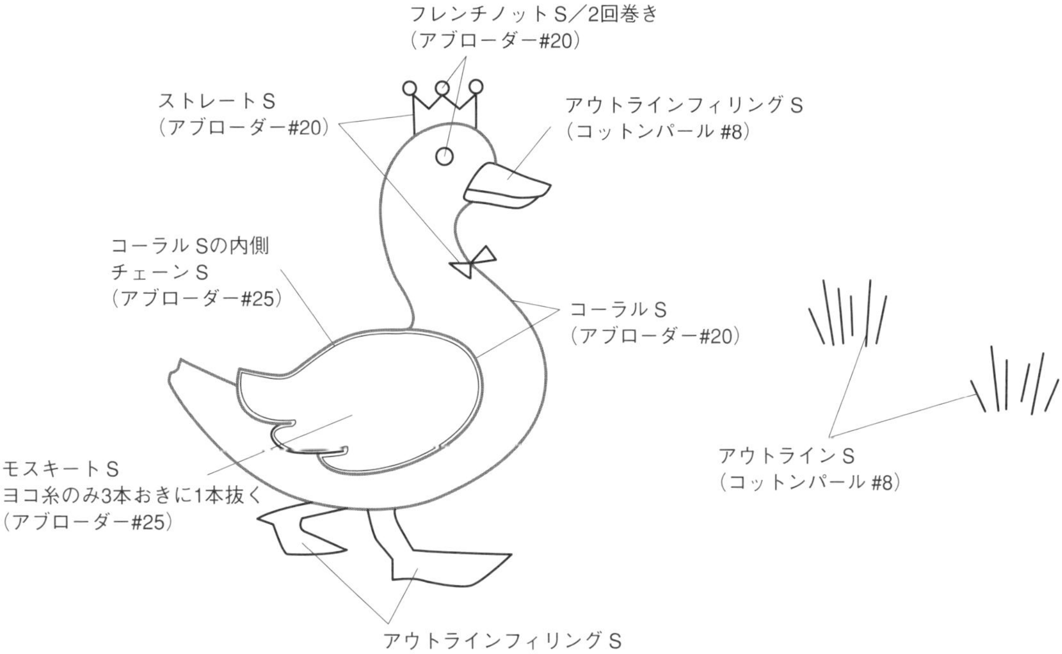

フレンチノットＳ／2回巻き
（アブローダー#20）

ストレートＳ
（アブローダー#20）

アウトラインフィリングＳ
（コットンパール #8）

コーラルＳの内側
チェーンＳ
（アブローダー#25）

コーラルＳ
（アブローダー#20）

モスキートＳ
ヨコ糸のみ3本おきに1本抜く
（アブローダー#25）

アウトラインＳ
（コットンパール #8）

アウトラインフィリングＳ
（コットンパール #8）

材　料　本体用布(12目／cmの平織りリネン　白)
　　　　DMCアブローダー B5200 #16, 20, 25

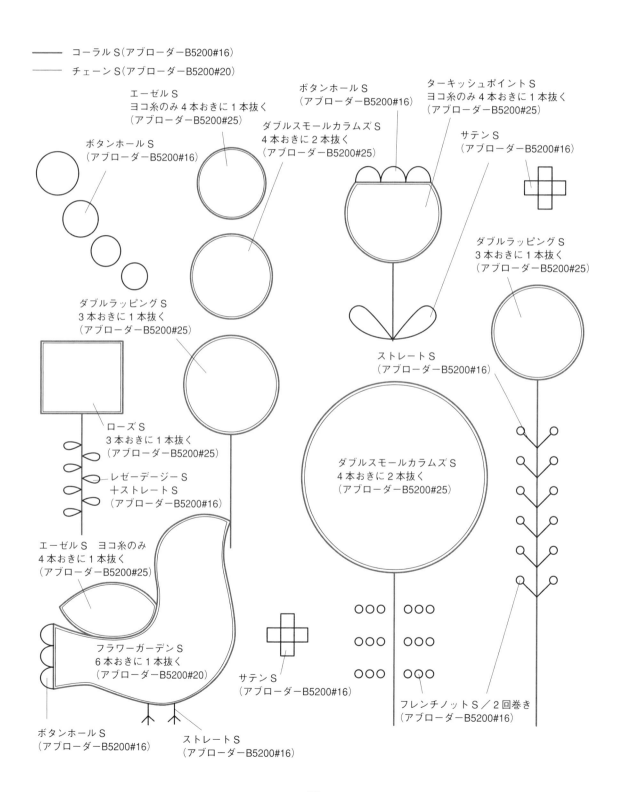

コーラル S（アブローダーB5200#16）

チェーン S（アブローダーB5200#20）

ボタンホール S
（アブローダーB5200#16）

エーゼル S
ヨコ糸のみ 4 本おきに 1 本抜く
（アブローダーB5200#25）

ボタンホール S
（アブローダーB5200#16）

ダブルスモールカラムズ S
4 本おきに 2 本抜く
（アブローダーB5200#25）

ターキッシュポイント S
ヨコ糸のみ 4 本おきに 1 本抜く
（アブローダーB5200#25）

サテン S
（アブローダーB5200#16）

ダブルラッピング S
3 本おきに 1 本抜く
（アブローダーB5200#25）

ダブルラッピング S
3 本おきに 1 本抜く
（アブローダーB5200#25）

ストレート S
（アブローダーB5200#16）

ローズ S
3 本おきに 1 本抜く
（アブローダーB5200#25）

レゼーデージー S
＋ストレート S
（アブローダーB5200#16）

ダブルスモールカラムズ S
4 本おきに 2 本抜く
（アブローダーB5200#25）

エーゼル S　ヨコ糸のみ
4 本おきに 1 本抜く
（アブローダーB5200#25）

フラワーガーデン S
6 本おきに 1 本抜く
（アブローダーB5200#20）

サテン S
（アブローダーB5200#16）

フレンチノット S ／ 2 回巻き
（アブローダーB5200#16）

ボタンホール S
（アブローダーB5200#16）

ストレート S
（アブローダーB5200#16）

6. page. 13　　植物と鳥のパネル

材　料　本体用布（12目／cmの平織りリネン　白）30×30cm
　　　　裏布（目の詰まった平織りリネン　水色）20×20cm
　　　　18×18cmパネル　1枚
　　　　DMCアブローダー B5200 #16, 20, 25　適宜
出来上がり寸法　18×18cm

作り方
1.　78ページと同様に刺繍をする。
2.　裏布を重ねてパネルをくるみ、裏でとめる。

本体 1枚

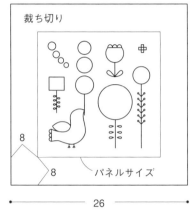

裁ち切り

26

8

8

パネルサイズ

26

裏布 1枚

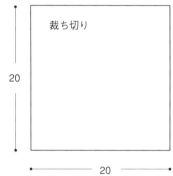

裁ち切り

20

20

仕立て方

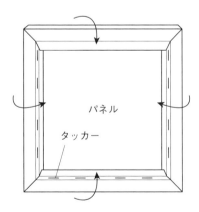

パネル

タッカー

本体の裏に裏布を重ね
パネルをくるんで裏に折り込み
タッカーなどでとめる

79

stitch 1 / page. 22　アジュール刺繍

材　料　本体用布（11目／cmの平織りリネン　白）
　　　　DMC25番刺繍糸 B5200

—— 指定以外はすべてチェーン S2 本取り

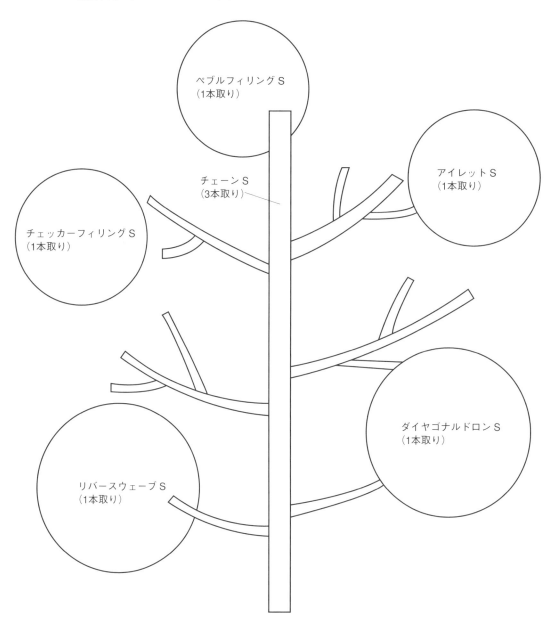

ペブルフィリング S
（1本取り）

アイレット S
（1本取り）

チェーン S
（3本取り）

チェッカーフィリング S
（1本取り）

ダイヤゴナルドロン S
（1本取り）

リバースウェーブ S
（1本取り）

stitch 2 / page. 23　アジュール刺繍

材　料　本体用布（11目／cmの平織りリネン　白）
　　　　DMC25番刺繍糸 B5200

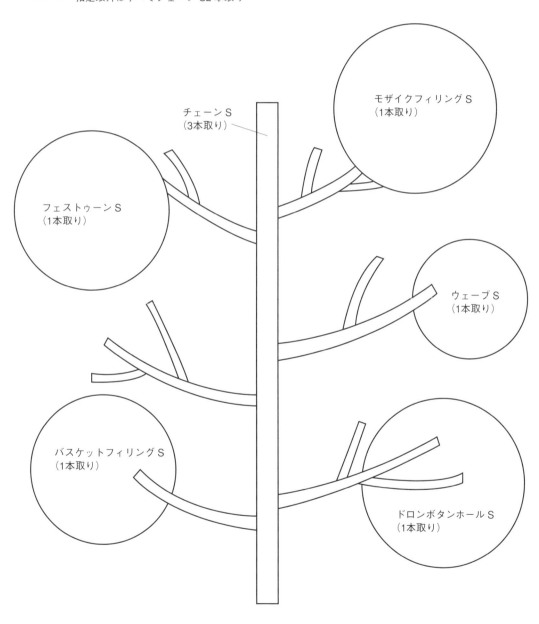

―――― 指定以外はすべてチェーンS2本取り

チェーンS
（3本取り）

モザイクフィリングS
（1本取り）

フェストゥーンS
（1本取り）

ウェーブS
（1本取り）

バスケットフィリングS
（1本取り）

ドロンボタンホールS
（1本取り）

7. page. 24　アジュール刺繍　町並み

材　料　本体用布（12目／cmの平織りリネン　白）
　　　　DMC25番刺繍糸 BLANC

95%縮小図案。105%拡大してください。
———— 指定以外はすべてチェーン S2 本取り

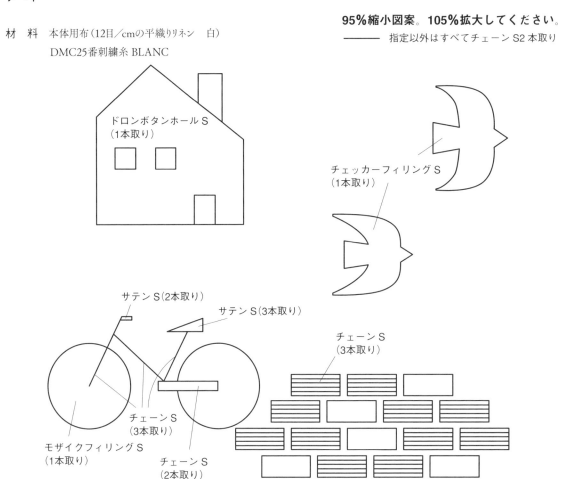

ドロンボタンホール S
（1本取り）

チェッカーフィリング S
（1本取り）

サテン S（2本取り）

サテン S（3本取り）

チェーン S
（3本取り）

チェーン S
（3本取り）

モザイクフィリング S
（1本取り）

チェーン S
（2本取り）

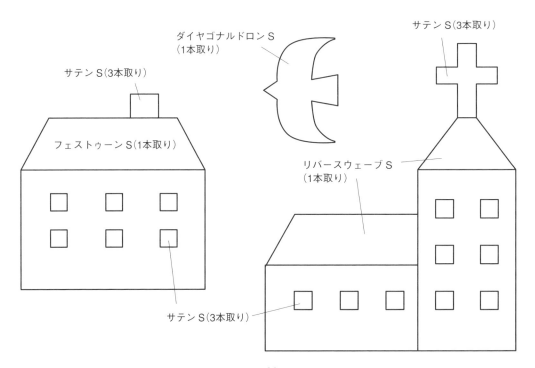

ダイヤゴナルドロン S
（1本取り）

サテン S（3本取り）

サテン S（3本取り）

リバースウェーブ S
（1本取り）

フェストゥーン S（1本取り）

サテン S（3本取り）

アジュール刺繍　冬支度

材　料　本体用布（12目／cmの平織りリネン　白）
DMC25番刺繍糸 BLANC　アップルトンクルウェルウール 991B

95％縮小図案。105％拡大してください。

──── 指定以外はすべてチェーン S2 本取り
指定以外はすべて DMC25 番刺繍糸 BLANC

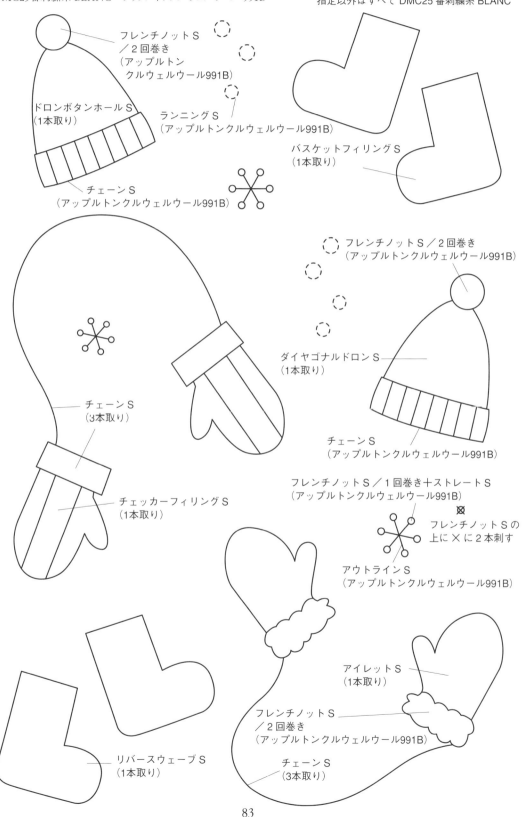

フレンチノットS／2回巻き
（アップルトンクルウェルウール991B）

ドロンボタンホールS
（1本取り）

ランニングS
（アップルトンクルウェルウール991B）

チェーンS
（アップルトンクルウェルウール991B）

バスケットフィリングS
（1本取り）

フレンチノットS／2回巻き
（アップルトンクルウェルウール991B）

ダイヤゴナルドロンS
（1本取り）

チェーンS
（アップルトンクルウェルウール991B）

チェーンS
（3本取り）

チェッカーフィリングS
（1本取り）

フレンチノットS／1回巻き＋ストレートS
（アップルトンクルウェルウール991B）

フレンチノットSの
上に×に2本刺す

アウトラインS
（アップルトンクルウェルウール991B）

アイレットS
（1本取り）

フレンチノットS
／2回巻き
（アップルトンクルウェルウール991B）

リバースウェーブS
（1本取り）

チェーンS
（3本取り）

材　料　本体用布（12目／cmの平織りリネン　白）
　　　　DMC25番刺繍糸 BLANC

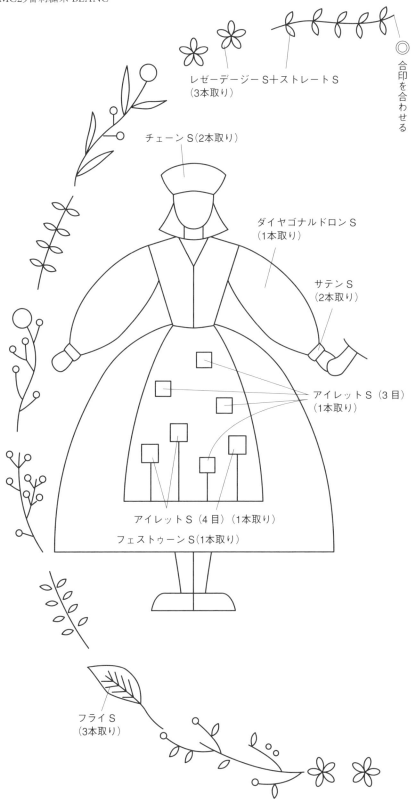

レゼーデージーＳ＋ストレートＳ
（3本取り）

合印を合わせる

チェーンＳ（2本取り）

ダイヤゴナルドロンＳ
（1本取り）

サテンＳ
（2本取り）

アイレットＳ（3目）
（1本取り）

アイレットＳ（4目）（1本取り）

フェストゥーンＳ（1本取り）

フライＳ
（3本取り）

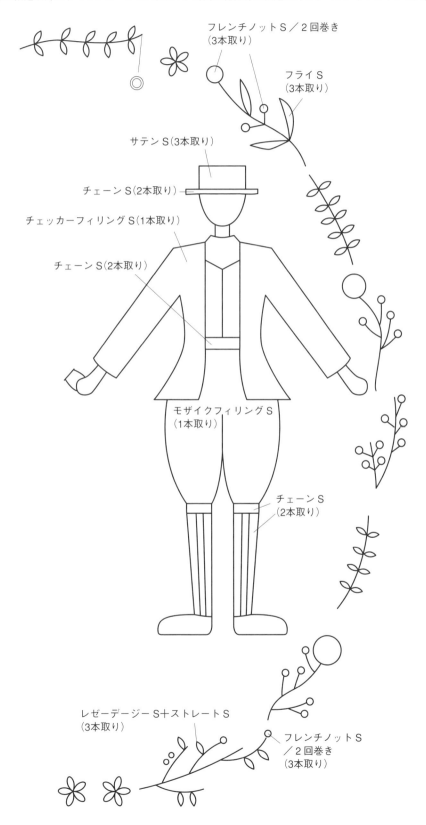

人部分は指定以外はすべてチェーンS2本取り、外周の花部分は指定以外はすべてアウトラインS3本取り

フレンチノットS／2回巻き
（3本取り）

フライS
（3本取り）

サテンS（3本取り）

チェーンS（2本取り）

チェッカーフィリングS（1本取り）

チェーンS（2本取り）

モザイクフィリングS
（1本取り）

チェーンS
（2本取り）

レゼーデージーS＋ストレートS
（3本取り）

フレンチノットS
／2回巻き
（3本取り）

10. / page. 27　　男の子のぺたんこバッグ

材　料　本体用布（12目／cmの平織りリネングレー、持ち手分含む）35×55cm
　　　　中袋用布　25×55cm
　　　　DMC25番刺繍糸 BLANC　適宜

出来上がり寸法　25×18cm

作り方
1. 刺繍をする。
2. 本体と中袋をそれぞれ脇を縫う。
3. 持ち手を縫い、本体につける。
4. 本体に中袋を入れて口にまつる。

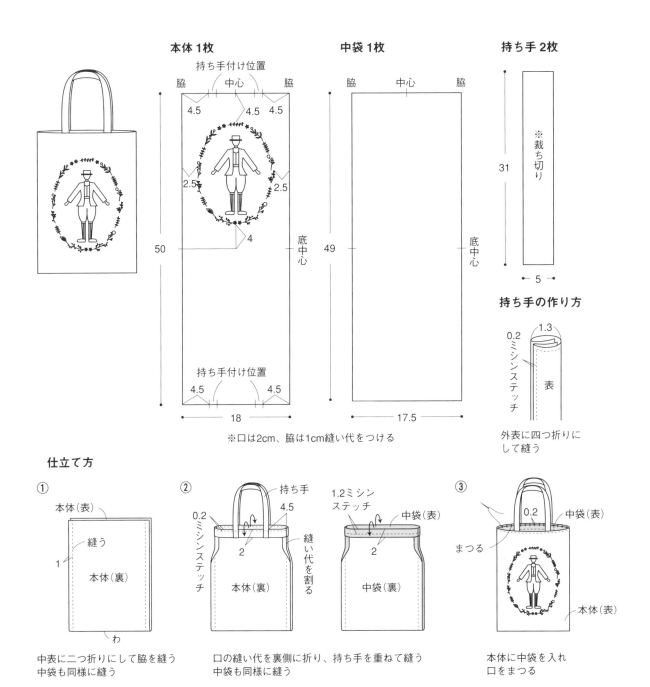

本体 1枚

持ち手付け位置
脇　中心　脇
4.5　4.5　4.5
2.5　　　2.5
4
50
底中心
持ち手付け位置
4.5　　4.5
18

※口は2cm、脇は1cm縫い代をつける

中袋 1枚

脇　中心　脇
49
底中心
17.5

持ち手 2枚

※裁ち切り
31
← 5 →

持ち手の作り方

0.2　1.3
ミシンステッチ
表

外表に四つ折りに
して縫う

仕立て方

① 本体（表）
縫う
1
本体（裏）
わ

中表に二つ折りにして脇を縫う
中袋も同様に縫う

② 持ち手
0.2　4.5
ミシンステッチ
2
本体（裏）
縫い代を割る

口の縫い代を裏側に折り、持ち手を重ねて縫う
中袋も同様に縫う

1.2ミシンステッチ
中袋（表）
2
中袋（裏）

③ 0.2　中袋（表）
まつる
本体（表）

本体に中袋を入れ
口をまつる

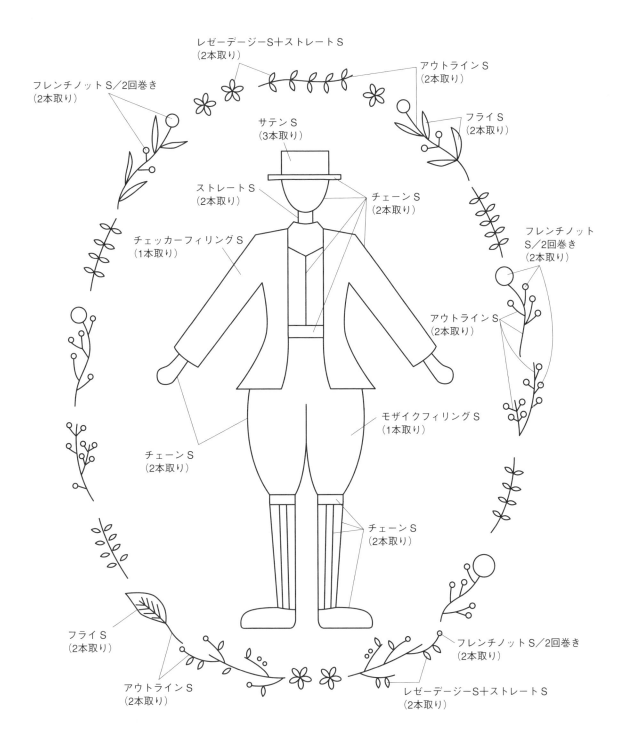

レゼーデージーＳ＋ストレートＳ
（2本取り）

アウトラインＳ
（2本取り）

フレンチノットＳ／2回巻き
（2本取り）

フライＳ
（2本取り）

サテンＳ
（3本取り）

ストレートＳ
（2本取り）

チェーンＳ
（2本取り）

チェッカーフィリングＳ
（1本取り）

フレンチノット
Ｓ／2回巻き
（2本取り）

アウトラインＳ
（2本取り）

モザイクフィリングＳ
（1本取り）

チェーンＳ
（2本取り）

チェーンＳ
（2本取り）

フライＳ
（2本取り）

フレンチノットＳ／2回巻き
（2本取り）

アウトラインＳ
（2本取り）

レゼーデージーＳ＋ストレートＳ
（2本取り）

材　料　本体用布（12目／cmの平織りリネン　白）
　　　　DMC25番刺繍糸 BLANC, 3865

人部分は指定以外はすべてチェーンS2本取り、
音符は指定以外はすべてアウトラインS3本取り

指定以外はすべて DMC25 番刺繍糸 BLANC

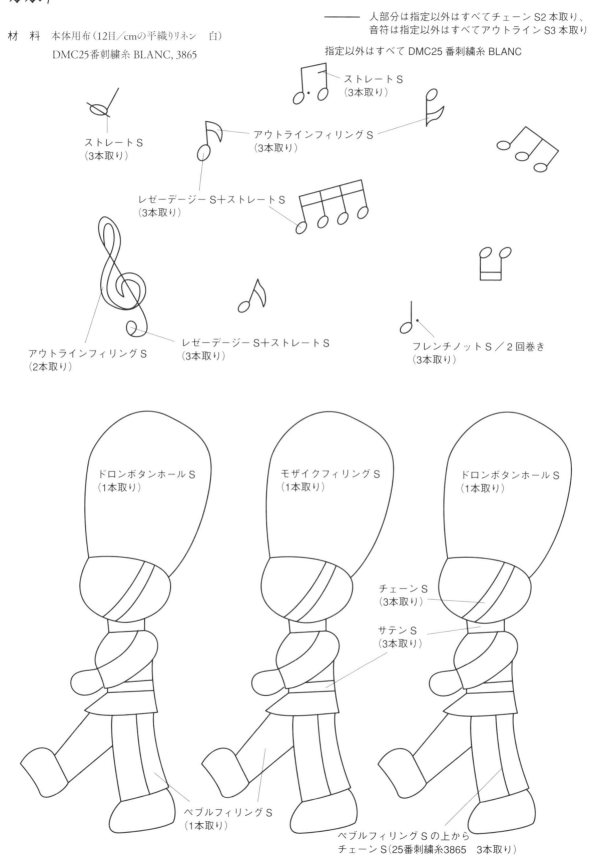

ストレートS
（3本取り）

ストレートS
（3本取り）

アウトラインフィリングS
（3本取り）

レゼーデージーS＋ストレートS
（3本取り）

アウトラインフィリングS
（2本取り）

レゼーデージーS＋ストレートS
（3本取り）

フレンチノットS／2回巻き
（3本取り）

ドロンボタンホールS
（1本取り）

モザイクフィリングS
（1本取り）

ドロンボタンホールS
（1本取り）

チェーンS
（3本取り）

サテンS
（3本取り）

ペブルフィリングS
（1本取り）

ペブルフィリングSの上から
チェーンS（25番刺繍糸3865　3本取り）

12. / page. 29　兵隊のブックマーク

材　料　白／本体用布（12目／cmの平織りリネン　白）20×20cm
　　　　　DMC25番刺繍糸 BLANC　適宜
　　　　　茶／本体用布（12目／cmの平織りリネン　茶）20×20cm
　　　　　DMC25番刺繍糸 3865　適宜

出来上がり寸法　15×5.5cm

作り方
1. 刺繍をする。
2. 中表に合わせて縫う。
3. 表に返してとじ、下の糸を抜いてフリンジにする。

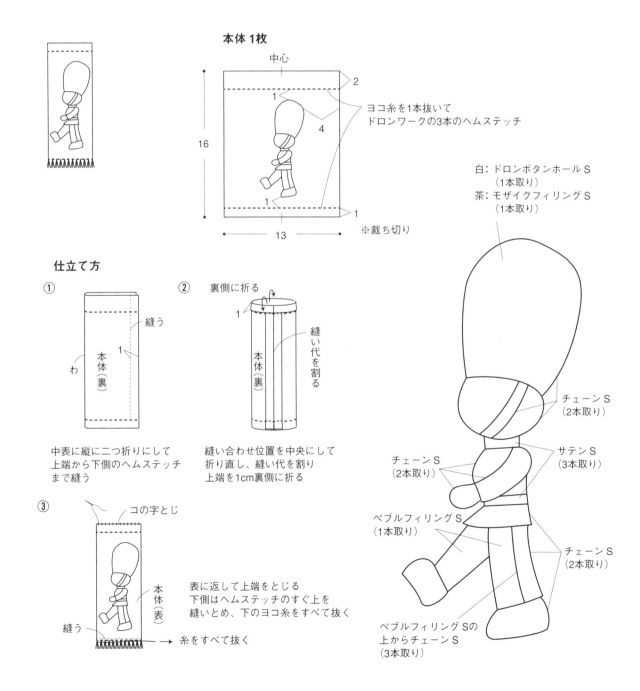

本体 1枚

中心

ヨコ糸を1本抜いて
ドロンワークの3本のヘムステッチ

16

13

※裁ち切り

白：ドロンボタンホール S
　（1本取り）
茶：モザイクフィリング S
　（1本取り）

チェーン S
（2本取り）

サテン S
（3本取り）

チェーン S
（2本取り）

ペブルフィリング S
（1本取り）

チェーン S
（2本取り）

ペブルフィリング S の
上からチェーン S
（3本取り）

仕立て方

① 縫う

本体（裏）

わ　1

中表に縦に二つ折りにして
上端から下側のヘムステッチ
まで縫う

② 裏側に折る

1

縫い代を割る

本体（裏）

縫い合わせ位置を中央にして
折り直し、縫い代を割り
上端を1cm裏側に折る

③ コの字とじ

本体（表）

縫う

糸をすべて抜く

表に返して上端をとじる
下側はヘムステッチのすぐ上を
縫いとめ、下のヨコ糸をすべて抜く

13. / page. 30 　ポケットティッシュケース

材　料　本体用布（12目／cmの平織りリネン　白）70×20cm
　　　　DMC25番刺繍糸 BLANC　適宜
　　　　アップルトンクルウェルウール 991B　適宜

出来上がり寸法　9×13cm

作り方
1.　刺繍をする。
2.　谷折り、山折りにして縫い、表に返す。

前

後ろ

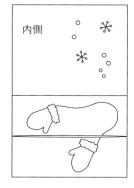
内側

本体1枚

—— 山折り線　　- - - 谷折り線

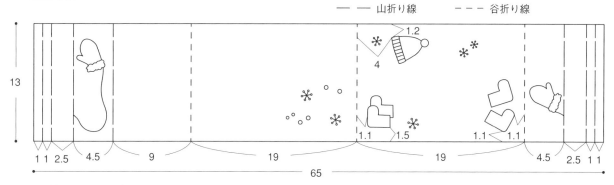

13

1 1 2.5　4.5　9　19　19　4.5　2.5 1 1

65

1.2
4
1.1　1.5
1.1　1.1

※長辺は1cm縫い代をつける、短辺は裁ち切り

仕立て方

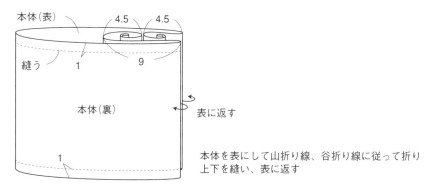

本体（表）
4.5　4.5
縫う　1　9
本体（裏）
1
表に返す

本体を表にして山折り線、谷折り線に従って折り
上下を縫い、表に返す

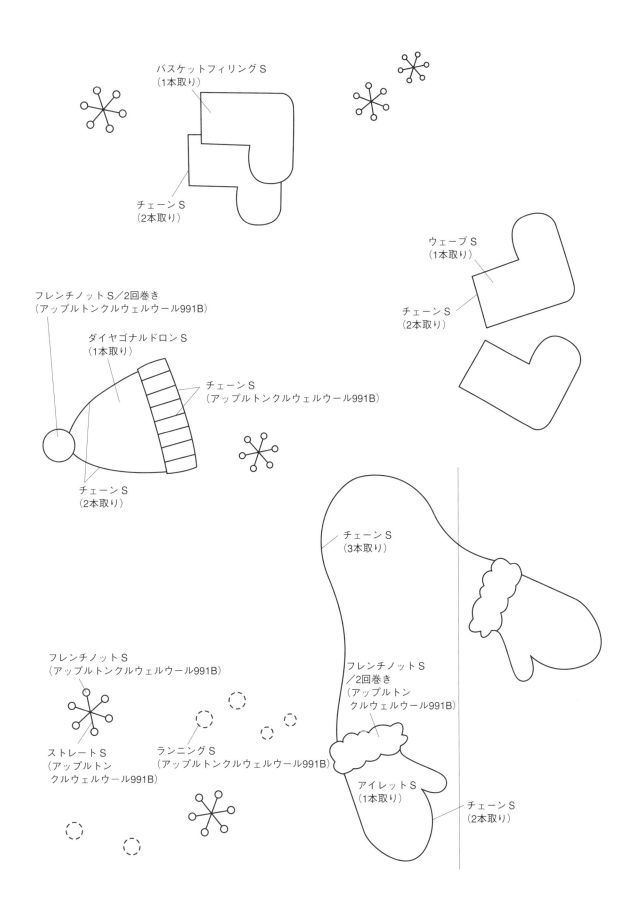

バスケットフィリング S
（1本取り）

チェーン S
（2本取り）

ウェーブ S
（1本取り）

チェーン S
（2本取り）

フレンチノット S／2回巻き
（アップルトンクルウェルウール991B）

ダイヤゴナルドロン S
（1本取り）

チェーン S
（アップルトンクルウェルウール991B）

チェーン S
（2本取り）

チェーン S
（3本取り）

フレンチノット S
（アップルトンクルウェルウール991B）

フレンチノット S
／2回巻き
（アップルトン
クルウェルウール991B）

ストレート S
（アップルトン
クルウェルウール991B）

ランニング S
（アップルトンクルウェルウール991B）

アイレット S
（1本取り）

チェーン S
（2本取り）

材　料　本体用布（目の詰まったリネン　白）
　　　　DMCアブローダー B5200 #20

──── ヘデボのボタンホールS

はしごかがり1段

はしごかがり2段

ボタンホールスカラップ
芯4本

ボタンホールスカラップ2段
下段芯4本、上段芯3本
糸を渡す

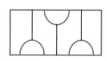

ボタンホールスカラップ芯4本
糸を渡す

ボタンホールスカラップ芯4本
糸を渡す

糸を渡す

ボタンホールスカラップ芯4本
糸を渡す

はしごかがり4段

stitch 2 / page. 37　ヘデボ刺繍

材　料　本体用布（目の詰まったリネン　白）
　　　　DMCアブローダー B5200 #20, 25

―――　ヘデボのボタンホール S（アブローダーB5200指定以外はすべて #20）
―――　リックラック（アブローダーB5200指定以外はすべて #20）

ダーニングかがり

リックラック 4 段

リックラック 6 段
糸を渡す

ボタンホールスカラップ芯 4 本
リックラック両側 4 段、中央 5 段（#25）
糸を渡す

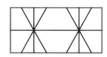

糸を渡す
ドロンワークの
結びかがり

ヘデボリングで作る
リックラック 4 段の星（#25）

リックラック 4 段
糸を渡す

はしごかがり 3 段
リックラック 4 段（#25）
糸を渡す

14. page. 38　ヘデボ刺繍　植物

材　料　本体用布（目の詰まったリネン　白）
　　　　DMCアブローダー B5200 #20, 25, 30

ヘデボのボタンホール S
（アブローダーB5200指定以外はすべて #25）

リックラック（アブローダーB5200#25）

5 段

糸を渡す（#25）

5 段

7 段

フレンチノット S／2 回巻き（#20）

アウトライン S（#20）

糸を渡す（#25）

糸を渡す（#25）

レゼーデージー S（#20）

アウトライン S（#20）

ボタンホールスカラップ芯 4 本

糸を渡す（#25）

ボタンホールスカラップ
芯 3 本（#30）

ボタンホールスカラップ
芯 2 本（#30）

ボタンホール S（#20）

アウトライン S（#20）

2 段　　ボタンホールスカラップ
　　　　芯 3 本

ボタンホールスカラップ
芯 2 本

レゼーデージー S（#20）

フレンチノット S／2 回巻き（#20）

はしごかがり　　アウトライン S（#20）

7 段　　　4 段

ボタンホール S（#25）

アウトライン S（#20）

糸を渡す（#25）

ボタンホールスカラップ
芯 4 本（#30）

ボタンホール S（#20）

糸を渡す（#25）

6 段

94

15. / page. 39　　ヘデボ刺繍　鳥

材　料　本体用布（目の詰まったリネン　白）
　　　　DMCアブローダー B5200 #25, 30

——— ヘデボのボタンホール S（アブローダーB5200指定以外はすべて #25）
——— リックラック（アブローダーB5200#25）

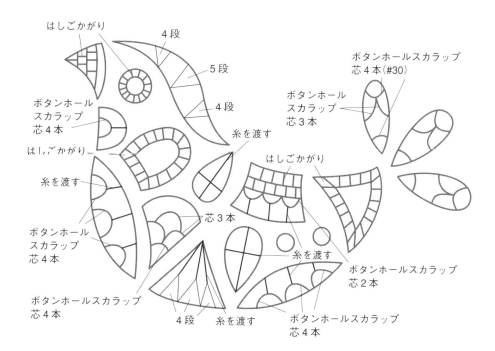

はしごかがり
4 段
5 段
4 段
ボタンホールスカラップ
芯 4 本（#30）
ボタンホール
スカラップ
芯 3 本
ボタンホール
スカラップ
芯 4 本
はしごかがり
糸を渡す
はしごかがり
糸を渡す
芯 3 本
ボタンホール
スカラップ
芯 4 本
糸を渡す
ボタンホールスカラップ
芯 2 本
ボタンホールスカラップ
芯 4 本
4 段
糸を渡す
ボタンホールスカラップ
芯 4 本

16. / page. 40　ヘデボ刺繍　夜空

材　料　本体用布（目の詰まったリネン　白）
　　　　DMCアブローダー B5200 #16, 20, 25, 30

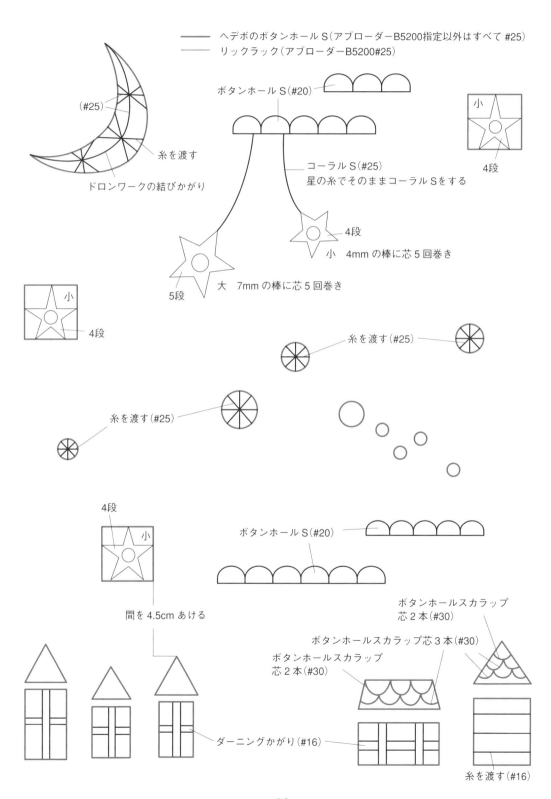

──── ヘデボのボタンホール S（アブローダー B5200指定以外はすべて #25）
──── リックラック（アブローダー B5200#25）

ボタンホール S（#20）

小
4段

（#25）
糸を渡す
ドロンワークの結びかがり

コーラル S（#25）
星の糸でそのままコーラル S をする

4段
小　　4mm の棒に芯 5 回巻き

小
4段

大　7mm の棒に芯 5 回巻き
5段

糸を渡す（#25）

糸を渡す（#25）

4段
小

間を 4.5cm あける

ボタンホール S（#20）

ボタンホールスカラップ
芯 2 本（#30）
ボタンホールスカラップ芯 3 本（#30）
ボタンホールスカラップ
芯 2 本（#30）

ダーニングかがり（#16）

糸を渡す（#16）

96

17. / page.41　ヘデボ刺繍　クロス

材　料　本体用布（目の詰まったリネン　白）
　　　　　DMCアブローダー B5200 #20, 25

――――　ヘデボのボタンホールS（アブローダーB5200#25）
――――　リックラック（アブローダーB5200#25）

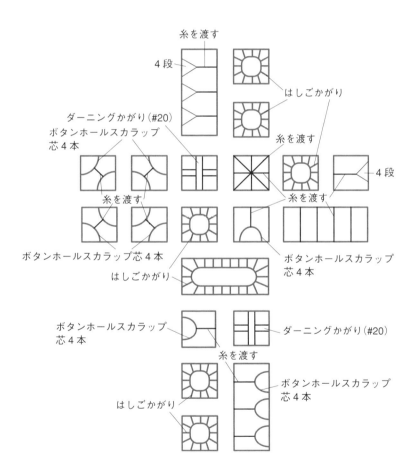

糸を渡す
4段
はしごかがり
ダーニングかがり（#20）
ボタンホールスカラップ
芯4本
糸を渡す
4段
糸を渡す
糸を渡す
ボタンホールスカラップ芯4本
ボタンホールスカラップ
芯4本
はしごかがり
ボタンホールスカラップ
芯4本
ダーニングかがり（#20）
糸を渡す
ボタンホールスカラップ
芯4本
はしごかがり

18. / page.42　刺繍枠ケース

材　料　本体用布（リネン　茶）35×45cm
　　　　刺繍用布（目の詰まったリネン　白）20×15cm
　　　　DMCアブローダー B5200 #25　適宜
　　　　DMC25番刺繍糸 B5200　適宜
出来上がり寸法　14×15cm

作り方
1.　刺繍をして、本体に縫いつける。
2.　中表に合わせてポケット口を縫い、折り上げて脇を縫う。
3.　表に返してとじる。

本体 2枚

脇　　　　中心　　　　脇

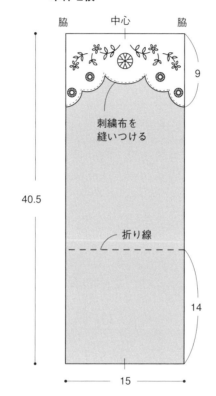

刺繍布を
縫いつける

9

40.5

折り線

14

※1cm縫い代をつける
※刺繍布は1枚のみ

15

仕立て方

①

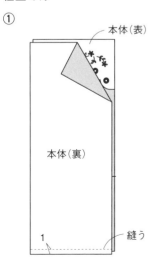

本体（表）

本体（裏）

縫う

1

縫う

本体2枚を中表に合わせて
刺繍布と反対側を縫う

②

表に返す　　　　本体（表）

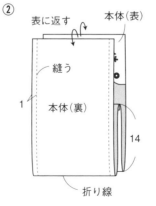

縫う

1

本体（裏）

14

折り線

図のように折り線で内側に折り
両脇を縫い、表に返す

③

コの字とじ

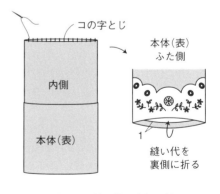

内側

本体（表）

本体（表）
ふた側

1

縫い代を
裏側に折る

返し口の縫い代を裏側に折り
とじる

98

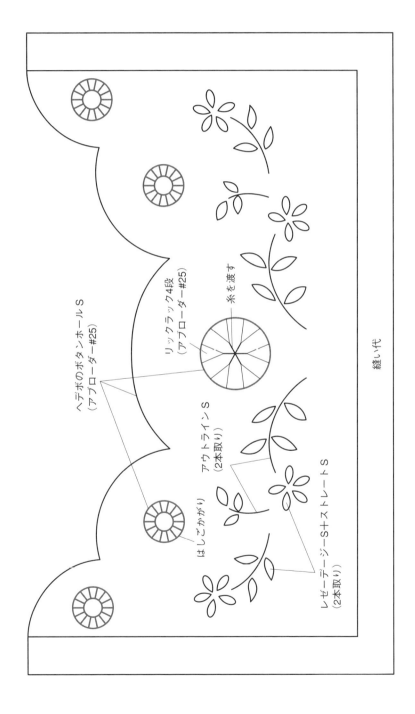

ヘデボのボタンホールS
(アブローダー#25)

リックラック4段
(アブローダー#25)

糸を渡す

アウトラインS
(2本取り)

はしごかがり

レゼーデージーS＋ストレートS
(2本取り)

縫い代

19. / page. 43 クロスのきんちゃく

材　料　本体用布（16目／cmの平織りリネン　白）20×40cm
　　　　中袋用布（目の詰まった平織りリネン　紫）20×50cm
　　　　DMCアブローダーB5200 #16, 20, 25, 30　適宜
　　　　ひも　85cm

出来上がり寸法　20×15cm

作り方
1. 刺繍をする。
2. 本体と中袋をそれぞれ中表に合わせて脇を縫う。
3. 本体の口にひも通しを刺繍する。
4. 本体に中袋を入れて口をまつり、ひもを通す。

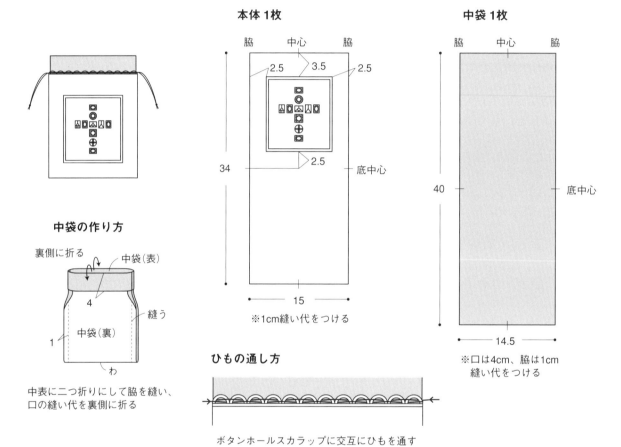

本体 1枚

脇　　　中心　　　脇

2.5　　3.5　　2.5

34

2.5

底中心

15

※1cm縫い代をつける

中袋 1枚

脇　　　中心　　　脇

40

底中心

14.5

※口は4cm、脇は1cm
縫い代をつける

中袋の作り方

裏側に折る

中袋（表）

4

中袋（裏）

縫う

1

わ

中表に二つ折りにして脇を縫い、
口の縫い代を裏側に折る

ひもの通し方

ボタンホールスカラップに交互にひもを通す

仕立て方

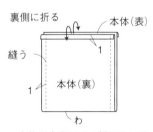

①

裏側に折る

本体（表）

縫う

1

本体（裏）

1

わ

本体を中表に二つ折りにして
口の縫い代を裏側に折り
脇を縫う

②

ボタンホールスカラップ
（アブローダー#16）24個

ヘデボの
ボタンホールS
（アブローダー#20）

本体（表）

表に返し、口にヘデボの
ボタンホールステッチをし、
ボタンホールスカラップを24個作る

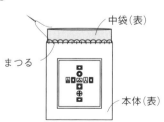

③

中袋（表）

まつる

本体（表）

本体に中袋を外表に入れ
口をまつる

ボタンホールスカラップ芯4本(#16)

ヘデボのボタンホールＳ
(#20)

外枠(模様部分すべて)
ヘデボの
ボタンホールＳ
(#25)

はしごかがり(#30)

ボタンホールスカラップ
芯4本(#30)

ボタンホールスカラップ
下段芯4本、上段芯3本(#30)

はしごかがり
(#30)

リックラック4段
(#30)

ダーニングかがり
(#25)

はしごかがり(#30)

ドロンワーク
4本の
フォーサイドＳ
43個(#25)

ドロンワーク
4本のフォーサイド　40個
(#25)

101

20. / page.44　ランチョンマットとコースター

材　料　A／本体用布(目の詰まったリネン　水色) 55×35cm
　　　　裏布(白) 55×35cm
　　　　DMCアブローダー BLANC #20, 25　適宜
　　　　B／本体用布(目の詰まったリネン　白) 55×35cm
　　　　裏布(生成り) 55×35cm
　　　　DMCアブローダー BLANC #20, 25　適宜

出来上がり寸法　ランチョンマット 30×40cm　コースター 10×10cm

作り方
1.　刺繍をする。
2.　中表に合わせて縫う。
3.　表に返してとじる。

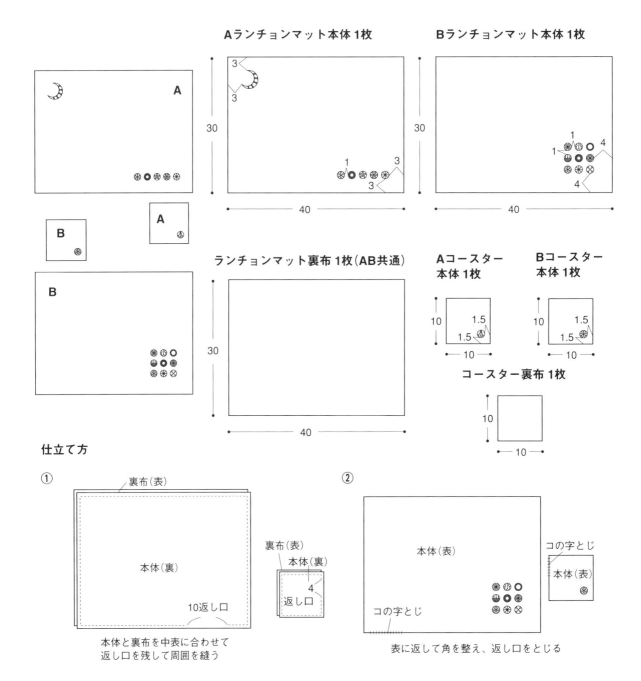

Aランチョンマット本体1枚

Bランチョンマット本体1枚

30

40

30

40

ランチョンマット裏布1枚(AB共通)

30

40

Aコースター
本体1枚

10

1.5
1.5

10

Bコースター
本体1枚

10

1.5
1.5

10

コースター裏布1枚

10

10

仕立て方

① 裏布(表)

本体(裏)

10返し口

本体と裏布を中表に合わせて
返し口を残して周囲を縫う

裏布(表)
本体(裏)
4
返し口

② 本体(表)

コの字とじ

コの字とじ

本体(表)

表に返して角を整え、返し口をとじる

102

Aランチョンマット

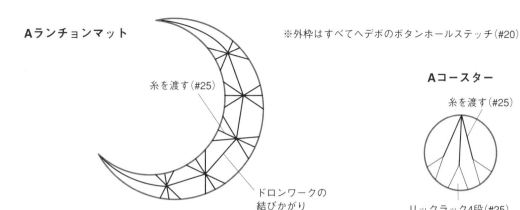

※外枠はすべてヘデボのボタンホールステッチ(#20)

糸を渡す(#25)

ドロンワークの
結びかがり

Aコースター

糸を渡す(#25)

リックラック4段(#25)

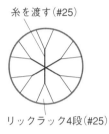

糸を渡す(#25)

リックラック4段(#25)

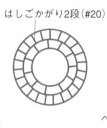

はしごかがり2段(#20)

ヘデボリング4段の星(#25)

糸を渡す(#25)

ボタンホールスカラップ
芯4本(#25)

糸を渡す(#20)

Bランチョンマット

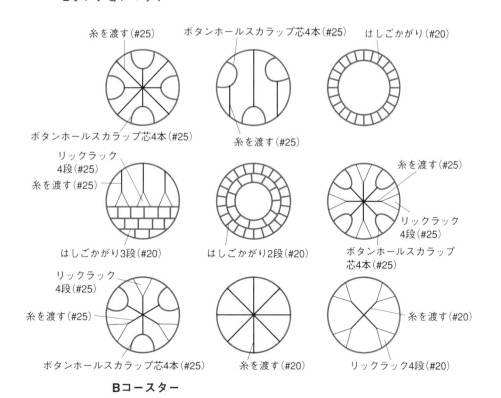

糸を渡す(#25)

ボタンホールスカラップ芯4本(#25)

はしごかがり(#20)

ボタンホールスカラップ芯4本(#25)

糸を渡す(#25)

リックラック
4段(#25)

糸を渡す(#25)

はしごかがり3段(#20)

はしごかがり2段(#20)

糸を渡す(#25)

リックラック
4段(#25)

ボタンホールスカラップ
芯4本(#25)

リックラック
4段(#25)

糸を渡す(#25)

ボタンホールスカラップ芯4本(#25)

糸を渡す(#20)

糸を渡す(#20)

リックラック4段(#20)

Bコースター

材　料　本体用布（12目／cmの平織りリネン　白）
DMCアブローダー BLANC #16, 20, 25
DMC25番刺繍糸 BLANC

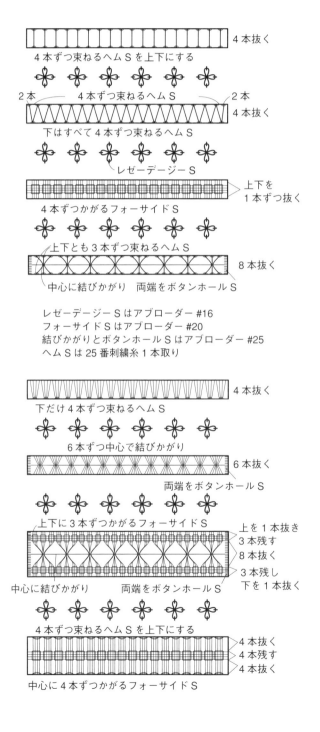

4本抜く

4本ずつ束ねるヘムSを上下にする

2本　　　4本ずつ束ねるヘムS　　　2本

4本抜く

下はすべて4本ずつ束ねるヘムS

レゼーデージーS

上下を
1本ずつ抜く

4本ずつかがるフォーサイドS

上下とも3本ずつ束ねるヘムS

8本抜く

中心に結びかがり　両端をボタンホールS

レゼーデージーSはアブローダー #16
フォーサイドSはアブローダー #20
結びかがりとボタンホールSはアブローダー #25
ヘムSは25番刺繍糸1本取り

4本抜く

下だけ4本ずつ束ねるヘムS

6本ずつ中心で結びかがり

6本抜く

両端をボタンホールS

上下に3本ずつかがるフォーサイドS

上を1本抜き
3本残す
8本抜く
3本残し
下を1本抜く

中心に結びかがり　　両端をボタンホールS

4本ずつ束ねるヘムSを上下にする

4本抜く
4本残す
4本抜く

中心に4本ずつかがるフォーサイドS

104

21. / page. 54　　ダーラナホースの壁飾り

材　料　本体用布（12目／cmの平織りリネン　白）25×25cm
　　　　裏布（12目／cmの平織りリネン　白）25×25cm
　　　　内寸17×17cm刺繍枠　1個
　　　　DMCアブローダー BLANC #16, 20, 25　適宜
　　　　DMC25番刺繍糸 BLANC

出来上がり寸法　内寸17×17cm

作り方
1.　刺繍をする。
2.　刺繍枠に入れて、裏の始末をする。

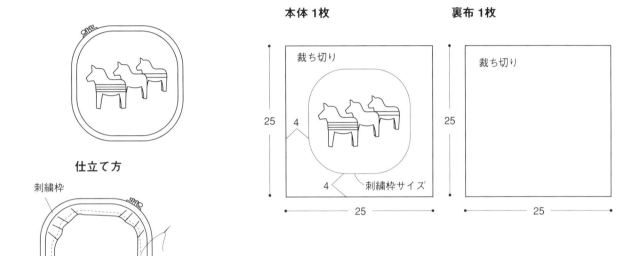

本体 1枚

裏布 1枚

裁ち切り

裁ち切り

25

25

4

4

刺繍枠サイズ

25

25

仕立て方

刺繍枠

本体の裏に裏布を重ね
刺繍枠にはめる
裏の布をぐし縫いして引き絞る

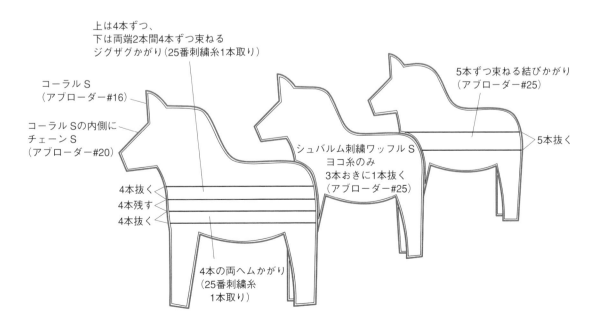

上は4本ずつ、
下は両端2本間4本ずつ束ねる
ジグザグかがり（25番刺繍糸1本取り）

コーラル S
（アブローダー#16）

コーラル Sの内側に
チェーン S
（アブローダー#20）

5本ずつ束ねる結びかがり
（アブローダー#25）

5本抜く

シュバルム刺繍ワッフル S
ヨコ糸のみ
3本おきに1本抜く
（アブローダー#25）

4本抜く
4本残す
4本抜く

4本の両ヘムかがり
（25番刺繍糸
1本取り）

材　料　リボン／幅2.5cmリネンテープ（白）　120cm
　　　　　DMCアブローダー BLANC #25　適宜
　　　　　DMC25番刺繍糸 BLANC　適宜
　　　　ブローチ（白）／幅2.5cmリネンテープ（白）　20cm
　　　　　幅2cmベルベットリボン（茶）　15cm
　　　　　幅1.2cmベルベットリボン（茶）　10cm
　　　　　長さ2cmブローチピン　1個
　　　　　DMC25番刺繍糸 BLANC　適宜
　　　　ブローチ（水色）／幅2.5cmリネンテープ（水色）　20cm
　　　　　幅2cmベルベットリボン（グレー）　25cm
　　　　　長さ2.5cmブローチピン　1個
　　　　　DMCアブローダー BLANC #25　適宜
　　　　ブローチ（茶）／幅1.5cmリネンテープ（茶）　20cm
　　　　　長さ2cmブローチピン　1個
　　　　　Anchor25番刺繍糸 392　適宜

出来上がり寸法　リボン 120cm
　　　　　　リボンブローチ（白）　5.5cm
　　　　　　リボンブローチ（水色）　7cm
　　　　　　リボンブローチ（茶）　5cm

作り方
1. 刺繍をする。
2. ブローチは両端を折り、中にベルベットリボンをはさんで
　 縫いとめ、中心を巻く。
3. 後ろにブローチピンをつける。

リボン

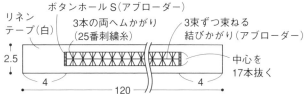

リネンテープ（白）
ボタンホールS（アブローダー）
3本の両ヘムかがり（25番刺繍糸）
3束ずつ束ねる結びかがり（アブローダー）
中心を17本抜く
2.5
4
120
4

ブローチ（白）

リネンテープ（白）
上4本ずつ、下両端2本間4本ずつ束ねるジグザグかがり
2.5
0.4
4本抜く
4本抜く
0.4
1
14.5
1

ブローチ（水色）

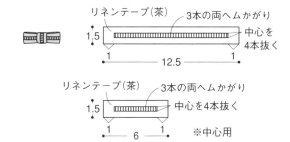

リネンテープ（水色）
4本ずつ束ねる結びかがり
ボタンホールS
2.5
中心を6本抜く
1
16.5
1

ブローチ（茶）

リネンテープ（茶）
3本の両ヘムかがり
1.5
中心を4本抜く
1
12.5
1

リネンテープ（茶）
3本の両ヘムかがり
1.5
中心を4本抜く
1
6
1
※中心用

リボンブローチの仕立て方（共通）

①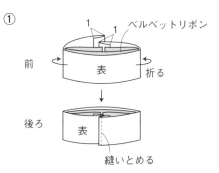

ベルベットリボン
前　折る　後ろ
表
表
1　1
縫いとめる

刺繍をした麻のテープを図のように折り
開かないように中心部分を縫いとめる
適宜ベルベットリボンをはさむ

②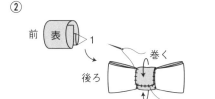

前　表　後ろ
1
巻く
縫いとめる

中心用のベルベットリボンまたは
リネンテープを巻きつけて縫いとめる

③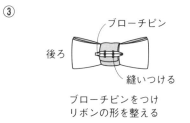

ブローチピン
後ろ
縫いつける

ブローチピンをつけ
リボンの形を整える

25. page.61 メガネケース

材　料　本体用フェルト（白）45×10cm
　　　　DMCコットンパール BLANC #8　適宜
　　　　アップルトンクルウェルウール 991, 991B　適宜
　　　　合太毛糸 生成り　適宜
　　　　直径1.2cmボタン　1個

出来上がり寸法　8×18cm

作り方
1. 刺繍をする。
2. 外表に合わせて縫う。
3. ボタンホールスカラップを作り、ボタンをつける。

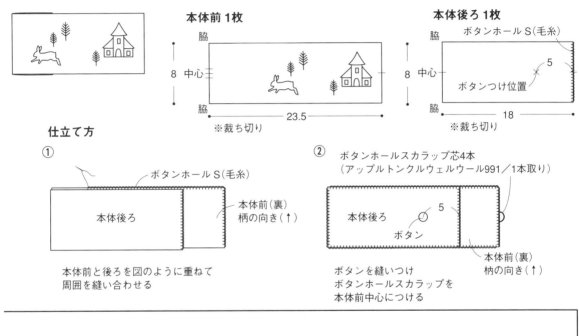

本体前 1枚

脇　　中心　8　　脇
※裁ち切り　23.5

本体後ろ 1枚

ボタンホールS（毛糸）
脇　　中心　8　　脇
5
ボタンつけ位置
※裁ち切り　18

仕立て方

① 　ボタンホールS（毛糸）
本体後ろ
本体前（裏）柄の向き（↑）
本体前と後ろを図のように重ねて
周囲を縫い合わせる

② 　ボタンホールスカラップ芯4本
（アップルトンクルウェルウール991／1本取り）
本体後ろ　5　ボタン
本体前（裏）柄の向き（↑）
ボタンを縫いつけ
ボタンホールスカラップを
本体前中心につける

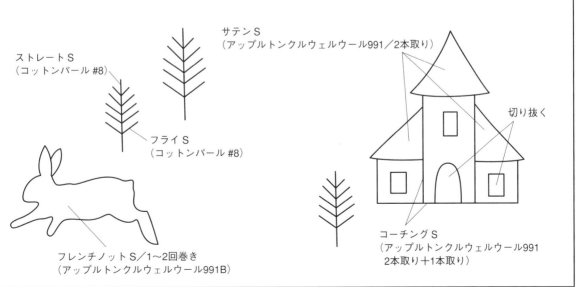

ストレートS
（コットンパール #8）

サテンS
（アップルトンクルウェルウール991／2本取り）

フライS
（コットンパール #8）

切り抜く

フレンチノットS／1～2回巻き
（アップルトンクルウェルウール991B）

コーチングS
（アップルトンクルウェルウール991
2本取り＋1本取り）

材　料　大／本体用フェルト（白）　5×5cm

本体用フェルト（ライトグレー）　5×5cm

土台用フェルト（グレー）　15×10m

長さ2cmブローチピン　1個

DMCアブローダー BLANC #25　適宜

アップルトンクルウェルウール 991　適宜

中／本体用フェルト（白）　5×5cm

土台用フェルト（グレー）　10×5m

アップルトンクルウェルウール 991　適宜

直径1cmピンバッジ　1個

小／本体用フェルト（ライトグレー）　5×5cm

土台用フェルト（グレー）　10×5m

アップルトンクルウェルウール 991　適宜

直径1cmピンバッジ　1個

出来上がり寸法

大 5.7×5.2cm　中 直径1.9cm　小 直径1.7cm

作り方

1. 刺繍をする。

2. 土台と張り合わせる。

3. もう一枚の土台をはり、ブローチピンやピンバッジをつける。

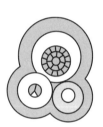

大本体 a1枚

切り抜く
裁ち切り
2.7
1.6
2.7

大本体 b1枚

切り抜く
1.9
0.7
1.9

大本体 c1枚

1.7
0.7
1.7

中本体 1枚

切り抜く
2.7
1.5
2.7

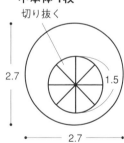

中土台 2枚

2.7
2.7

※最後に切りそろえるので
大きめにカットしておく

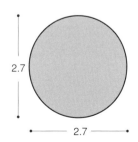

大土台 2枚

5.7
5.2

※最後に切りそろえるので
大きめにカットしておく

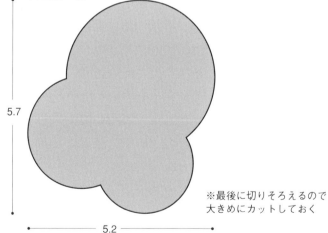

小本体 1枚

1.7
0.7
1.7

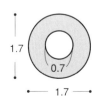

小土台 3枚

1.7
1.7

※最後に切りそろえるので
大きめにカットしておく

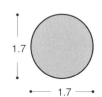

仕立て方

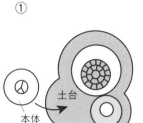

① ボンドで
土台に本体をつける

② もう1枚の土台をボンドでつけ
周囲をカットしてそろえる

③ 後ろにブローチピン
を縫いつける

① ボンドで
土台に本体をつける

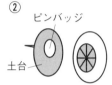

② もう1枚の土台にピンバッジを
通し、本体にボンドでつけて
周囲をカットする

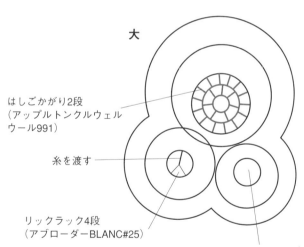

大

はしごかがり2段
（アップルトンクルウェル
ウール991）

糸を渡す

リックラック4段
（アブローダーBLANC#25）

フレンチノットS／2回巻き
（アップルトンクルウェルウール991）

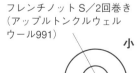

フレンチノットS／2回巻き
（アップルトンクルウェル
ウール991）

小

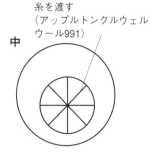

中

糸を渡す
（アップルトンクルウェル
ウール991）

24. page.60　クッション

材　料　本体用フェルト（白）70×35cm
　　　　DMCコットンパール BLANC #8　適宜
　　　　アップルトンクルウェルウール 991, 991B　適宜
　　　　合太毛糸 生成り　適宜
　　　　30×30cmヌードクッション　1個

出来上がり寸法　30×30cm

作り方
1.　刺繍をする。
2.　本体前と後ろを外表に合わせて縫う。
3.　ヌードクッションを入れる。

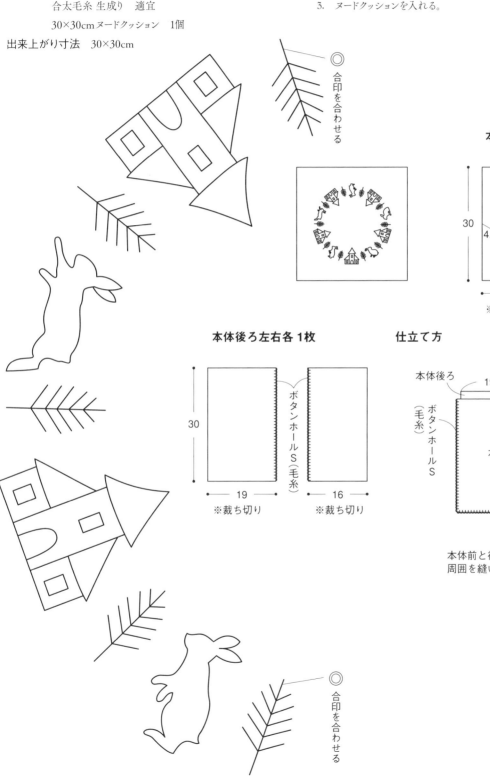

◎ 合印を合わせる

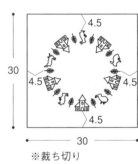

本体前 1枚

4.5
30
4.5　4.5
4.5
30
※裁ち切り

本体後ろ左右各 1枚

30
ボタンホールS（毛糸）
19
※裁ち切り
16
※裁ち切り

仕立て方

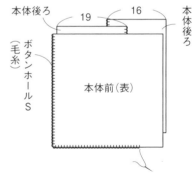

本体後ろ
19
16
本体後ろ
ボタンホールS（毛糸）
本体前（表）

本体前と後ろを図のように重ねて
周囲を縫い合わせる

◎ 合印を合わせる

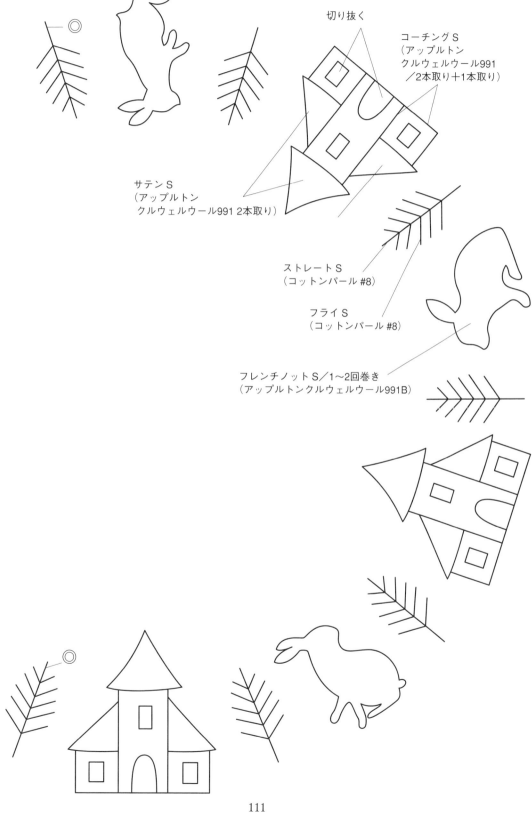

切り抜く

コーチング S
（アップルトン
クルウェルウール991
／2本取り＋1本取り）

サテン S
（アップルトン
クルウェルウール991 2本取り）

ストレート S
（コットンパール #8）

フライ S
（コットンパール #8）

フレンチノット S／1〜2回巻き
（アップルトンクルウェルウール991B）

111

笑う刺繍　中野聖子　SEIKO NAKANO

刺繍作家。都内で白糸刺繍教室を主宰。出版、
企業カタログや手芸雑誌への寄稿、作品展の開
催など。初心者にもわかりやすい、笑いのあふれ
る教室を心がけている。

https://www.warau-embroidery.com
instagram：warau_embroidery

STAFF

撮影 / 邑口京一郎
デザイン / 天野美保子
スタイリング / 鈴木亜希子
作図 / 三島恵子
トレース / 共同工芸社
編集 / 恵中綾子（グラフィック社）

white work embroidery

白糸刺繍
透かし模様のホワイトワークで作る図案と小物

2020年10月25日　初版第1刷発行

著　者　　笑う刺繍　中野聖子
発行者　　長瀬 聡
発行所　　株式会社グラフィック社
　　　　　〒102-0073
　　　　　東京都千代田区九段北1-14-17
　　　　　tel.03-3263-4318（代表）
　　　　　　　03-3263-4579（編集）
　　　　　fax.03-3263-5297
　　　　　郵便振替　00130-6-114345
　　　　　http://www.graphicsha.co.jp
印刷・製本　　図書印刷株式会社

・素材協力
越前屋
〒104-0031
東京都中央区京橋1-1-6
tel.03-3281-4911
https://www.echizen-ya.net

ディー・エム・シー株式会社
〒101-0035
東京都千代田区神田紺屋町13番地 山東ビル7F
tel.03-5296-7831
http://www.dmc.com